RYGBI RHEMPUS

TIPS I'R TÎM GAN CONRAD SMITH

ROBIN BENNETT

LLUNIAU GAN
MATT CHERRY

Robin Bennett

Mae Robin yn awdur ac yn *entrepreneur* sydd wedi ysgrifennu sawl llyfr i blant.

Yn 21 oed, roedd ar ei ffordd i fod yn swyddog yn y marchoglu (â gofal tanciau), ond yn 21 a hanner oed, darganfyddodd ei hun yn gweithio fel torrwr beddau yn ne Llundain, gan bendroni ble'r aeth pob dim o'i le. Mae Robin Bennett yn chwarae'r rhan fwyaf o gampau. Yn wael.

Matt Cherry

Tyfodd Matt i fyny'n ysgrifennu ac yn tynnu lluniau ar arfordir Caint. Mae'n dal i fyw yno heddiw gyda'i wraig a'i ddau o blant. Mae'n dal i ddwlu ar ysgrifennu a thynnu lluniau bob dydd, felly dydy e ddim wedi newid fawr ddim. Mae jyst yn dalach o lawer.

Conrad Smith

Cyn-chwaraewr gyda thîm Crysau Duon Seland Newydd yw Conrad Smith a chwaraeodd yn bennaf fel canolwr. Roedd yn gapten ar yr Hurricanes a chwaraeodd dros Seland Newydd o 2004 tan 2015. Roedd yn aelod blaenllaw o dîm Seland Newydd a enillodd Gwpan Rygbi'r Byd yn 2011 a 2015. Ymddeolodd o rygbi rhyngwladol wedi Cwpan y Byd 2015.

CAMPAU CAMPUS

RYGBI RHEMPUS

TIPS I'R TÎM GAN CONRAD SMITH

ROBIN BENNETT

LLUNIAU GAN MATT CHERRY

Firefly

Cyhoeddwyd gyntaf yn Gymraeg yn 2022 gan Firefly Press
25 Heol Gabalfa, Ystum Taf,
Caerdydd CF14 2JJ
www.fireflypress.co.uk

Testun ©Robin Bennett 2022
Delweddau © Matt Cherry 2022
Addasiad Cymraeg gan Ion Thomas
Mae'r awdur a'r dylunydd yn datgan eu hawl moesol
i gael eu hadnabod fel awdur ac artist yn unol â
Deddf Hawlfraint, Dylunio a Phatentau 1988.
Cyhoeddwyd yn wreiddiol yn Saesneg yn 2022 dan y teitl
Stupendous Sports: Rampaging Rugby gan Firefly Press

Mae cofnod catalog CIP o'r llyfr hwn
ar gael yn y Llyfrgell Brydeinig.

ISBN 978-1-915444-24-0

*Cyhoeddwyd gyda chymorth ariannol
Cyngor Llyfrau Cymru.*

Dyluniwyd gan: Claire Brisley
Cysodwyd gan: Tanwen Haf
Argraffwyd a rhwymwyd gan: 4Edge Ltd

RHAGAIR

Rygbi yng Nghymru

Mae rygbi'n cael ei chwarae mewn cannoedd o wledydd, a phob wythnos o'r tymor mae miloedd o fechgyn a merched yn dychwelyd i'w cartrefi yn fwd ac yn gleisiau i gyd ... ond yn hapus. Er bod y gamp wedi dechrau mewn gwledydd eraill, Cymru, o bosib, yw'r wlad sydd wedi bod fwyaf brwdfrydig ynglŷn â'r gêm o'r dechrau'n deg.

Mae'n anodd esbonio pam iddi ddatblygu'n gêm genedlaethol — efallai oherwydd bod cymaint o gaeau yn edrych fel meysydd delfrydol, gyda'r gwair hir a'r ddaear feddal yn llefydd perffaith i daclo.

Ar y llaw arall, efallai oherwydd bod gêm debyg i rygbi, sef y Cnapan, eisoes yn bodoli yng Nghymru. Defnyddiai'r Cnapan bêl a oedd wedi cael ei berwi y noson flaenorol mewn saim ac roedd hyn yn ei gwneud hi bron yn amhosibl i'w dal. O bell edrychai fel brwydr mewn rhyfel, ond tasech yn cymryd cip agosach roedd yna reolau o fath. Roedd yna sgrymiau a fyddai'n stopio wrth i rywun weiddi 'Heddwch!' ac a fyddai'n cychwyn wrth i'r bêl gael ei thaflu i'r awyr, fel sy'n digwydd gyda'r llinell. Roedd gan y timau ddynion mawr cryf yn y blaen – fel blaenwyr yn rygbi, a phobl tu ôl iddyn nhw a oedd yn gyflym a chyfrwys – fel olwyr ein dyddiau ni.

Eto efallai mai'r ateb syml yw bod y Cymry yn arbennig o fedrus wrth chwarae'r gêm. Ers 1881 pan chwaraewyd y gêm ryngwladol gyntaf, mae Cymru wedi curo pob tîm ar y ddaear (fwy nag unwaith), gan gynnwys gwledydd llawer mwy o faint sydd gyda llawer mwy o ddewis o chwarewyr. Maen nhw wedi chwarae ym mhob Cwpan y Byd, gan ddod yn brif ddetholion y byd yn 2019, ynghyd â chyfrannu chwaraewyr allweddol i un o dimau mwyaf y blaned – Y Llewod.

Mae rygbi yn fwy na gêm yng Nghymru; y mae'n rhan o ysbryd, enaid a chalon y genedl.

CYNNWYS

PENNOD 1: HANES

Pwy ar y ddaear ddyfeisiodd rygbi?

Yn cynnwys pam fod pêl rygbi'n edrych fel pêl-droed ofnadwy a sut gafodd Mrs Lindon ei lladd.

Fel llawer o chwaraeon sy'n cynnwys:

- Dau **dîm** sy'n **casáu** ei gilydd
- **Gwrthrych crwn** (o fath)
- Llawer o **wthio** a **hyrddio**

mae'n siŵr fod **rygbi** wedi dechrau amser maith yn ôl – mwy na thebyg pan wnaeth un grŵp o farbariaid dorri pen rhywun (fe wnawn ei alw'n Pel) a oedd yn byw yn y pentref nesaf.

A hwythau'n farbariaid (dydy hi ddim yn syndod i unrhyw un bod yna dîm go iawn heddiw o'r enw **Barbariaid**) dechreuon nhw wedyn daflu pen Pel druan o gwmpas. Cynhyrfodd hyn bawb ym mhentref Pel ac aethon

8

nhw ati i geisio rhoi
stop ar y sbri, gan
holi **'A gawn ni'n
Pel yn ôl plis.'**
Roedd y frwydr fel
arfer yn parhau am
ddyddiau, gyda'r
pen yn cael ei
'basio' am yn ôl
er mwyn gwneud
yn siŵr na fyddai'r
'tîm' arall yn

medru cael eu dwylo brwnt arno. Daeth y cyfan i
ben gyda'r ddau dîm yn llyn y pentref a phawb yn
sylweddoli:

- eu bod nhw wedi cael amser arbennig yn **bwrw**
  dannedd ei gilydd allan
- bod ymlacio mewn **pwll** mwdlyd cynnes gyda'ch
  cyfeillion yn **wych**
- nad oedd neb wir yn **hoffi** Pel beth bynnag.

Cafodd yr adloniant yma, oedd yn bodoli cyn
dyddiau'r we, ei ailadrodd mewn miloedd o bentrefi
ar hyd a lled y wlad tan i ddienyddio eich cymydog
ddod yn anffasiynol, ac i bawb ddechrau chwarae
pêl-droed ta beth.

Neidiwn ymlaen rai canrifoedd nes cyrraedd

Ysgol **Rugby**, ar gyrion tref o'r enw Rugby, yn Lloegr. At gêm o *bêl-droed*.

1823 yw'r flwyddyn.

Doedd dim yn anghyffredin am y diwrnod na'r gêm, oni bai mai dy enw oedd **William Webb Ellis**. Roedd Webb Ellis yn ddisgybl yn yr ysgol a does neb yn gwybod fawr ddim amdano, heblaw iddo benderfynu codi'r bêl a rhedeg gyda hi.

Mewn gwirionedd, roedd e wedi **twyllo**.

Ond yn hytrach na chael ei gosbi drwy gael ei hongian gerfydd ei **drôns** o'r trawst agosaf, y cwestiwn ar feddwl pawb ar y cae oedd *pam na wnes i feddwl am hynny?* Ac mewn dim o dro roedd pawb wrthi.

NODYN *Nid pawb sy'n credu bod hyn wedi digwydd, ond mae pawb yn gytûn i'r fersiwn yma o rygbi (h.y. un nad yw'n cynnwys pen wedi'i dorri i ffwrdd) gael ei chwarae gyntaf yn Ysgol Rugby cyn cael ei gyflwyno gan gyn-ddisgyblion i weddill y byd, a dod yn boblogaidd.*

Erbyn 1845 roedd gan rygbi'i reolau ei hun a [*drymiau*] ... **pheli doniol** [*symbalau*]!

FFAITH DDIFYR Mae yna si ar led fod **pêl-fasged** wedi cael ei dyfeisio er mwyn cadw chwaraewyr rygbi'n ffit dros yr haf.

'Dydy rygbi ddim yn gamp cyffwrdd, y mae'n gamp o wrthdaro'

– Anhysbys

Dechreuodd **rygbi merched** amser maith yn ôl.

Y chwaraewraig gyntaf mae sôn amdani yw **Emily Valentine**.

Yn **1887**, a hithau ond yn **ddeng mlwydd oed**, roedd hi'n gwylio ei brodyr yn chwarae rygbi pan ddaeth yr alwad am **chwaraewr ychwanegol**. Er bod y syniad o ferch yn chwarae rygbi mor rhyfedd ag octopws yn canu opera, bant â hi.

Yn **1991** trefnwyd cystadleuaeth gyntaf **Cwpan Rygbi'r Byd i Ferched** gan bedair merch benderfynol sef **Deborah Griffin**, **Sue Dorrington**, **Alice Cooper** a **Mary Forsyth**. Cynhaliwyd y cyfan yng nghyffiniau **Caerdydd** a de Cymru. Er mai prin oedd y cyllid a'r gefnogaeth swyddogol,

daeth 12 tîm, gan gynnwys **yr Undeb Sofietaidd, Canada, Siapan a Seland Newydd** i gystadlu. Yn y gêm derfynol cafodd **Lloegr** eu curo gan **UDA**.

Mewn llawer o wledydd yn **Ne America** ac **Asia** mae'r nifer o fechgyn a merched sy'n chwarae rygbi'n eithaf cyfartal – **50/50**.

Felly, dyma ragor o bwyntiau diddorol ...

- Mae **pedwar deg y cant** o'r 800 miliwn o gefnogwyr rygbi'n **ferched**.
- Mae mwy o ferched wedi **dechrau chwarae** rygbi na bechgyn dros y ddwy flynedd ddiwethaf.
- Mae'r nifer o ferched sydd wedi cofrestru fel chwaraewyr wedi cynyddu i **2.7 miliwn**.
- Y tîm cyntaf cyflawn i droi'n **broffesiynol** oedd tîm merched Lloegr yn **2019**. Enillodd y tîm hwn y gamp lawn ddwywaith.

'Rydym yn gwbl sicr mai datblygiad **merched yn chwarae rygbi** yw'r **cyfle mwyaf** i'n camp ni dyfu yn ystod y ddegawd nesa,' meddai Cadeirydd Rygbi'r Byd **Syr Bill Beaumont**.

FFAITH DDIFYR Roedd Barette yn gamp gorfforol boblogaidd a chwaraewyd gan ferched a gafodd ei haddasu o rygbi'r undeb yn y 1920au.

LOUISE RICKARD

Un o'r chwaraewyr gyda'r mwyaf o gapiau yn hanes y gêm. Chwaraeodd 112 o weithiau dros Gymru ers 1993, gan chwarae mewn sawl safle (clo, asgell a chanolwr). Yn ogystal â'r holl gemau rygbi, llwyddodd i fod yn aelod o'r garfan genedlaethol wrth chwarae hoci, karate ac yn fwy anarferol – ar y bobsleigh.

Y bêl

Rwy'n siŵr y bydd pawb yn cytuno mai un o'r pethau mwyaf cyffrous ym myd rygbi heddiw yw'r ffaith fod y bêl rygbi'n debyg i **daflegryn peryglus** ac yn cael ei phasio gan rywun sy'n gwybod beth maen nhw'n gwneud. Er hyn, wrth i'r bêl adlamu, mae'n bihafio mewn ffordd sy'n gwneud i chwaraewyr proffesiynol edrych fel **ffyliaid**.

Felly, gall hedfan mor osgeiddig â roced neu neidio'n wyllt i bobman fel tasai rhywun â morgrug yn ei drôns. Golyga hyn nad yw'n bosibl rhagweld beth sy'n mynd i ddigwydd. Gall unrhyw beth ddigwydd ac mae hynny'n digwydd yn aml! Dyma sy'n gwneud rygbi'n **wych**.

FFAITH DDIFYR

Yn ystod yr Ail Ryfel Byd, gwaharddodd yr Almaenwyr y gêm rygbi gan eu bod yn meddwl ei bod hi'n rhy 'Brydeinig'.

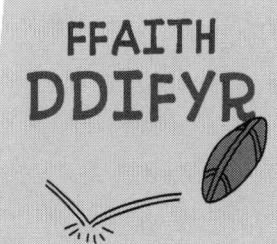

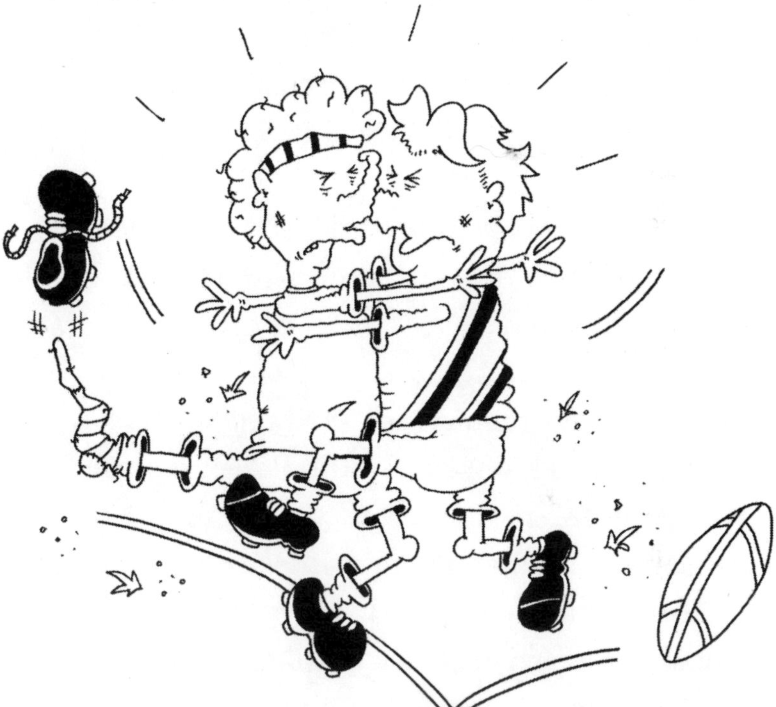

Beth bynnag, doedd neb wedi meddwl am hyn 200 mlynedd yn ôl – yr unig beth roedden nhw'n gwybod oedd bod eisiau peli a oedd ychydig yn **wahanol** i'r bêl-droed (yn benodol pêl fwy o faint) – felly gofynnwyd i ddau grydd lleol, sef Richard

Lindon a Bernardo Solano, i fynd ati i greu pêl, gan eu bod yn fedrus am bwytho pethau.

Erbyn heddiw, mae gennym lawer o bethau y gellir eu llenwi ag aer (fel arfer wedi eu gwneud o rwber, blastig neu fyblgwm). Slawer dydd, yr unig beth a oedd ar gael a allai gael ei chwythu'n llawn o aer ac aros felly am 90 munud neu fwy oedd **pledren** (mae'r peth sy'n dal a chadw eich pi-pi rhag chwyrlïo o gwmpas eich bol hefyd yn dda i gadw aer i mewn).

Yn amlwg, doedd dim modd defnyddio pledren **bod dynol**, felly defnyddiwyd y peth tebycaf – **pledren mochyn.**

Ond dydy pledren ddim yn grwn – gofyn i unrhyw feddyg (neu grydd) – felly edrychai fel **ciwcymbr a oedd wedi treulio llawer o amser yn y gampfa.**

Doedd llawer o'r pledrenni moch ddim yn ffres, ac fe ddaliodd **gwraig Mr Lindon**, a chwythai'r peli i fyny, afiechyd cas a wnaeth ei lladd.

Wedi'r digwyddiad yma, yn ddoeth iawn, penderfynodd Richard Lindon ddefnyddio **rwber** yn lle'r pledrenni.

1883 Chwarae pencampwriaeth y **Chwe Gwlad** am y tro cyntaf rhwng Cymru, Lloegr, Iwerddon a'r Alban. (**Pedair Gwlad** oedd hi ar y cychwyn, felly, cyn i **Ffrainc** a'r **Eidal** ofyn am gael ymuno.) **Cymru** sydd wedi ennill y gystadleuaeth amlaf, a Lloegr sydd wedi cyflawni'r **Gamp Lawn** y nifer fwyaf o weithiau (pan fydd un tîm yn curo pob un o'r timau arall).

1895 Rygbi'n rhannu i **Rygbi'r Gynghrair** (chwaraewyr yn cael eu talu) a **Rygbi'r Undeb** (chwaraewyr ddim yn cael eu talu).

1906 Ffrainc yn ymuno â'r bencampwriaeth.

1907 ... yna Awstralia a **Seland Newydd**.

1954 Cwpan Byd cyntaf **rygbi'r gynghrair** (enillwyd gan **Brydain** wedi iddyn nhw drechu Ffrainc.) Oherwydd bod Ffrainc yn teimlo cymaint o gywilydd neu fel cosb, fe benderfynon nhw wrthod galw rygbi'r gynghrair yn 'rygbi' a defnyddio'r enw *Le Jeu à Treize* (Gêm o dri ar ddeg). Wnaeth y term hwn ddim ennill ei blwyf.

1982 Chwaraewyd **gêm ryngwladol gyntaf y merched** rhwng Ffrainc a'r Iseldiroedd.

1987 Cwpan Byd cyntaf rygbi'r undeb.

P'un ai ydy'r stori am Ysgol Rugby'n wir ai peidio, mae chwaraewyr rygbi nawr yn treulio'u hamser yn ceisio cael gafael ar William! Nid y person go iawn wrth gwrs, ond Cwpan Rygbi'r Byd, sydd â'i enw wedi'i ysgythru ar y blaen ... Tlws William Webb Ellis.

Dwi wedi bod yn ddigon lwcus i chwarae mewn tri Chwpan Byd yn ceisio cael gafael ar William ac, er methu y tro cyntaf, roeddwn yn ddigon ffodus i'w ennill y ddau dro dilynol. Dyma uchafbwynt gyrfa'r rhan fwyaf o chwaraewyr, a'r cwpan yw un o dy ffrindiau gorau wrth i ti ei ddangos i holl gefnogwyr a dilynwyr y gystadleuaeth.

Yn Seland Newydd, cafodd y tlws ei alw'n Wiremu (ffurf y Maori ar William) ac er llawer o ddathlu a sawl gorymdaith, cafodd barch a gofal mawr ... er y bu'n rhaid ei drwsio unwaith neu ddwy.

Conrad

PENNOD 2: Y CHWARAEWYR

Pam mae'r blaenwyr yn chwarae'r bêl yn ôl a'r olwyr yn mynd ymlaen.

Mae rygbi'n croesawu pobl o **bob siâp**, gan gofleidio'r **bach, y crwn, y sgwâr** neu'r rhai sydd **mor denau â rhaca**. Beth bynnag dy faint corfforol, mae yna le i ti ar y cae a chyfle i ti **fod yn rhan o'r tîm**.

Mewn gwirionedd, yr unig beth sydd angen ar gyfer chwarae rygbi yw dy fod yn **hoff o'r gêm**. Mae cael diddordeb yn beth da hefyd.

Mae **15** chwaraewr ym mhob tîm ac maen nhw'n cael eu rhannu fel hyn:

- blaenwyr – dyma'r tanciau trwm: y **lorïau** sydd â'r cyfrifoldeb dros **hyrddio** i mewn i'w gilydd gan ymddwyn fel hwliganiaid
- olwyr – eu gwaith nhw yw ceisio gwneud synnwyr o'r anhrefn drwy fod yn **gyfrwys** a rhedeg **yn gyflym** – a chyda thipyn bach o lwc – osgoi taro i mewn i'r blaenwyr bygythiol ar eu ffordd i'r llinell gais – a chael y clod!

O'r gorau, felly, beth yw cyfrifoldeb pawb?
Dyna'r cwestiwn!

BLAENWYR

Dyma'r chwaraewyr sy'n ffurfio'r **sgrym** neu'r '**pac**'
ac mae yna wyth ohonyn nhw – sef ychydig dros
hanner y tîm.

RHIF 1 PROP PEN RHYDD A
RHIF 3 PROP PEN TYN

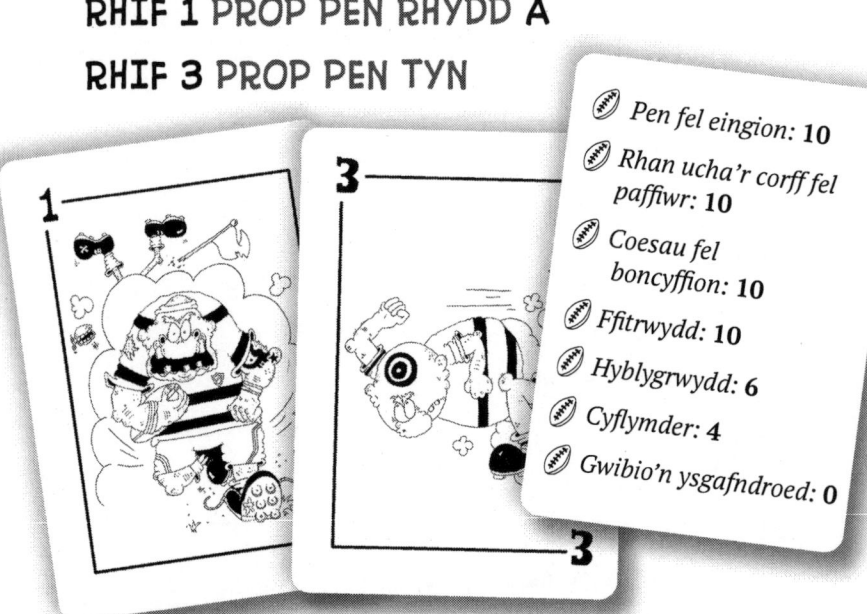

- Pen fel eingion: **10**
- Rhan ucha'r corff fel paffiwr: **10**
- Coesau fel boncyffion: **10**
- Ffitrwydd: **10**
- Hyblygrwydd: **6**
- Cyflymder: **4**
- Gwibio'n ysgafndroed: **0**

Y **propiau** yw'r **rheng flaen**, felly gorau oll os ydyn
nhw'n edrych yn fygythiol. Mae angen iddyn nhw
fod yn fawr ond does dim rhaid iddyn nhw fod yn
dal. Mewn gwirionedd, maen nhw fel teirw neu
beiriannau chwalu, felly mae cael gyddfau cryf o

help. Yn aml fe weli di nhw yn derbyn **pàs fach fer** cyn **hyrddio** ymlaen mewn i'r **gwrthwynebwyr**, yn chwilio am wendidau, yn ceisio blino'r amddiffyn ac yn **creu lle** a bylchau i'r **rhedwyr**.

Eu gwaith nhw yw:

- stopio'r **sgrym** rhag symud **am yn ôl**.
- cefnogi'r **bachwr** fel y gall e/hi 'hongian' rhwng y ddau brop yn y sgrym, i hwyluso **'bachu'** y bêl yn ôl.
- **codi** chwaraewyr eraill yn y llinell a'u hamddiffyn nhw rhag ofn iddyn nhw golli'r bêl.
- Mae hefyd angen iddyn nhw **afael** yn y bêl a'i **chadw** yn y chwarae agored yn dilyn y dacl, sy'n gofyn iddyn nhw fod yn rhyfeddol o hyblyg a chyflym.

STORI RYFEDD NORMAN BIGGS

Ganwyd **Biggs** yn **1870**, ac am gan mlynedd, daliai'r record am fod y chwaraewr ieuengaf i ennill **cap rhyngwladol**. (Roedd yn **18 mlwydd oed a 49 diwrnod**.) Fe hefyd sydd â'r record o fod yr unig chwaraewr rygbi rhyngwladol i gael ei ladd gan saeth wenwynig (wrth iddo wasanaethu gyda'r Fyddin Brydeinig yn Nigeria).

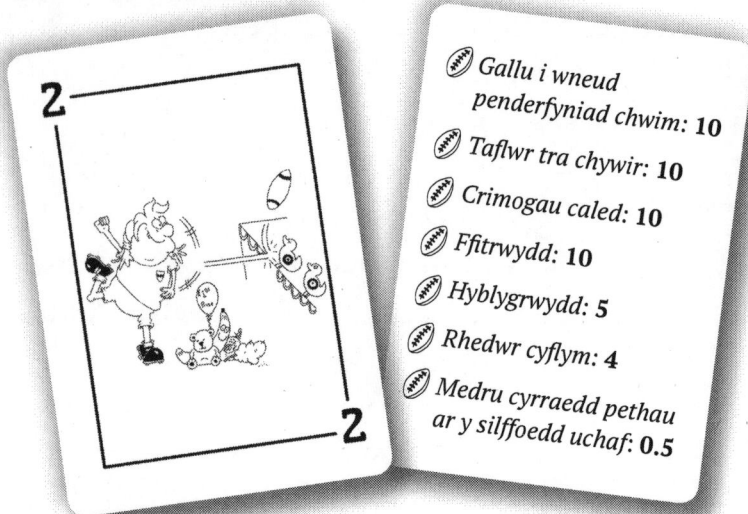

2

- 🏉 Gallu i wneud penderfyniad chwim: **10**
- 🏉 Taflwr tra chywir: **10**
- 🏉 Crimogau caled: **10**
- 🏉 Ffitrwydd: **10**
- 🏉 Hyblygrwydd: **5**
- 🏉 Rhedwr cyflym: **4**
- 🏉 Medru cyrraedd pethau ar y silffoedd uchaf: **0.5**

Gwaith y **bachwr** yn y **sgrym** yw bachu'r bêl allan yn **gyflymach** na'r bachwr arall, felly rhaid i'w amseru fod yn berffaith.

Yn y llinell, mae angen i'r **bachwr** fedru taflu'r bêl i'r union flaenwr ar yr amser iawn. Felly, er ei fod yn galed fel haearn Sbaen ond efallai ychydig yn fyr o ran taldra, mae angen sgiliau taflu gwych fel chwaraewr pêl fasged yr NBA ar y bachwr, ynghyd â'r gallu i wneud **penderfyniadau sydyn** fel peilot jet yr awyrlu.

Pan nad yw'n cicio crimogau'r bachwr arall yn y sgrym neu'n taflu peli i mewn i'r lein, bydd y bachwr yn sgrechian yn orffwyll wrth hyrddio at amddiffyn y gwrthwynebwyr. **Peiriant chwalu** arall, rhan amser.

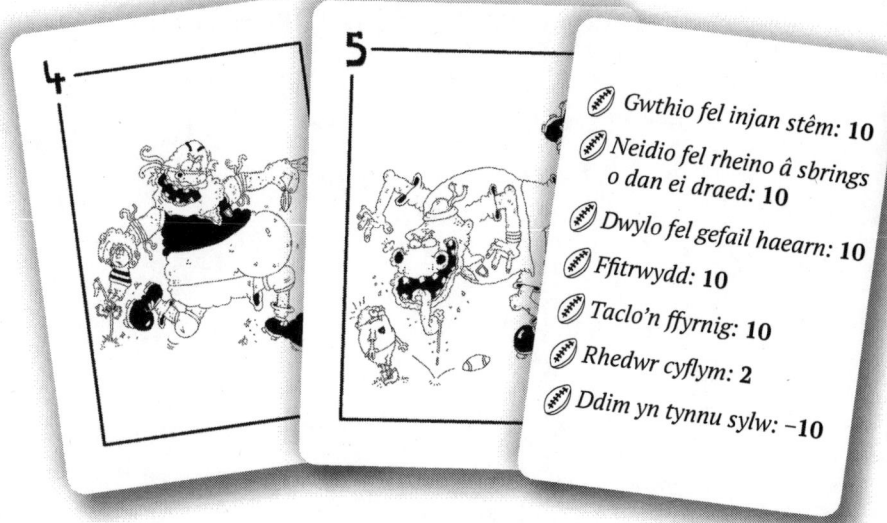

Gwthio fel injan stêm: **10**

Neidio fel rheino â sbrings o dan ei draed: **10**

Dwylo fel gefail haearn: **10**

Ffitrwydd: **10**

Taclo'n ffyrnig: **10**

Rhedwr cyflym: **2**

Ddim yn tynnu sylw: **-10**

Dau gawr yw'r **ddau glo**. Pan fydd y camera'n symud ar hyd y llinell wrth ganu'r anthem genedlaethol, bydd yn rhaid iddo oedi a chodi rhyw dair troedfedd i ddangos eu hwynebau. Hefyd, maen nhw bob tro'n edrych fel petaen nhw'n datrys rhyw broblem fathemategol yn eu pennau wrth ganu.

Nhw yw injan y sgrym: y **neidwyr uchel**, y **taclwyr** ffyrnig, sy'n plygu a chipio, yn gwyro a rhwygo'r bêl. Os fedri di ddal pêl rygbi wlyb mewn un llaw wrth i rywun arall dy godi i'r awyr gerfydd dy drôns gan roi 'wedji' o safon Olympaidd i ti, clo wyt ti. Gwna'r mwyaf o hynny.

RHIF 6 BLAENASGELLWR OCHR DYWYLL A RHIF 7 BLAENASGELLWR OCHR AGORED

Amryddawn fel Jedi rygbi: **10**
Hyder tawel: **10**
Gallu i adennill meddiant: **10**
Ffitrwydd: **10**
Serennu: **2**

Mae blaenasgellwyr fel cig y dannedd: does neb yn siŵr beth yw eu swyddogaeth, eto pe baen nhw'n diflannu byddem yn gweld eu heisiau'n fawr.

Cafwyd cryn drafod wrth fathu termau Cymraeg a Saesneg ar gyfer y safleoedd, gyda hen dermau fel 'asgellwyr y blaenwyr' yn creu penbleth. Dyma'r chwaraewyr oedd yn **clymu wrth y sgrym** gydag un fraich yn unig ac yn medru torri i ffwrdd ar gyflymder i ennill pêl neu daclo'r **mewnwr** – neu gant a mil o bethau eraill y maen nhw'n gwneud mewn gêm heb unrhyw gydnabyddiaeth na chanmoliaeth.

Mae tuedd i'r **blaenasgellwr ochr dywyll** fod yn

fwy o faint na'r **blaenasgellwr ochr agored** (sy'n wynebu'r chwarae). Mae hwnnw fymryn yn llai ond yn fwy cyflym ar y bêl.

Nhw yw'r cewri **gwylaidd**, y chwaraewyr sy'n hapus i sefyll ar ymylon y grŵp ar gyfer tynnu llun y buddugwyr, yn hytrach na'r rhai sy'n chwifio a gwenu fel cath wrth ddal y cwpan i fyny. Maen nhw'n gyfarwydd ag aros yn hunanfeddiannol **ar yr ymylon**.

O siomi neu gynhyrfu blaenasgellwr, ymddiheura'n syth, a gweddïa y bydd popeth yn iawn. Fodd bynnag, os wyt ti'n ffrind â **blaenasgellwr**, rwyt yn berson lwcus iawn.

RHIF 8 NEU WYTHWR

8

Grym wrth wthio: **10**

Hipo blin ffrwydrol yn rhedeg dros bellter byr: **10**

Ffitrwydd: **10**

Gwneud penderfyniadau: **9**

Medru rhedeg yn bellach na dim ond ar draws yr heol: **4**

Sgiliau bale: **1**

Mae'r **wythwr** yn llawer rhy brysur i dreulio'i amser yn meddwl am enwau a thermau ar gyfer ei safle. Mae'n debyg i frawd neu chwaer y **blaenasgellwr**, a'r unig **flaenwr** sydd â'r hawl i godi'r bêl wrth fôn y sgrym. Gall hyn fod yn hynod effeithiol os ydy'r llinell gais gerllaw.

Bydd gan lawer o hen chwaraewyr boldew â chlustiau cwpan ddagrau o lawenydd a hiraeth yn llifo dros eu bochau wrth wylio'r wythwr yn codi'r bêl wrth iddi ddod mas o'r sgrym ac yn gwthio drosodd am gais.

FFAITH DDIFYR Mae'n debyg mai **Fumiaki Tanaka o Siapan** yw'r chwaraewr **byrraf** i chwarae rygbi ar y safon uchaf. **166 cm (5 troedfedd 4 modfedd)** ac yn pwyso **72 kg** (mymryn dros **11 stôn**), yn unig. Dyna lai na **hanner** pwysau'r chwaraewr **trymaf**, sef **Ben Tameifuna o Donga** oedd yn pwyso **153 kg (24 stôn)** a chwaraeodd yng **Nghwpan y Byd yn Siapan yn 2019**. Yn **213 cm (7 troedfedd)**, yr Albanwr **Richard Metcalfe** yw'r chwaraewr talaf i chwarae rygbi rhyngwladol hyd yma.

YR OLWYR

RHIF 9 MEWNWR

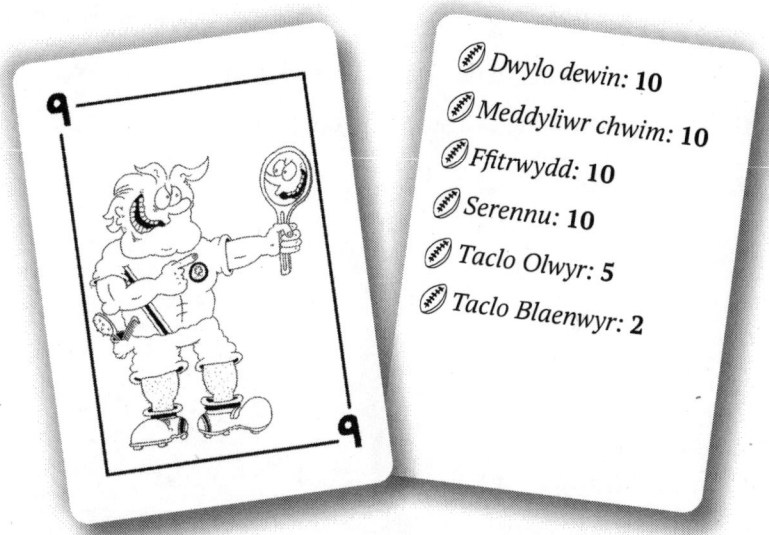

Dwylo dewin: **10**

Meddyliwr chwim: **10**

Ffitrwydd: **10**

Serennu: **10**

Taclo Olwyr: **5**

Taclo Blaenwyr: **2**

Mae bod yn **fewnwr** fel byw drws nesa i haid o forfilod blin pan fydd gennyt waith cymhleth i'w gyflawni, a phopeth yn digwydd yn gyflym iawn a phawb yn dibynnu arnat ti.

Bron yn ddieithriad, dyma'r person **lleiaf** ac **ysgafnaf** ar y cae. Mae angen i'r mewnwr ymddiried yn y **pac** i'w amddiffyn rhag cael ei sathru yn y mwd gan y pac arall.

Y **mewnwr** yw'r person sy'n gwneud y penderfyniadau wrth fynd ati i ymosod. Mae angen cael dwylo, traed a meddwl chwim. Mae **cywirdeb** ac **amseru** pàs y mewnwr o'r sgrym yn hollbwysig.

Os wyt yn gwneud cawl o bethau, does unlle i guddio, ond os llwyddi byddi di'n arwr.

Dyma pam mai **mewnwr** y tîm buddugol yw'r un sydd fel arfer yn cael ei gario ar ysgwyddau'r chwaraewyr a'r cefnogwyr. Hefyd y mewnwr yw'r unig un y medri di ei godi heb wneud niwed i ti dy hun.

RHIF 10 MASWR

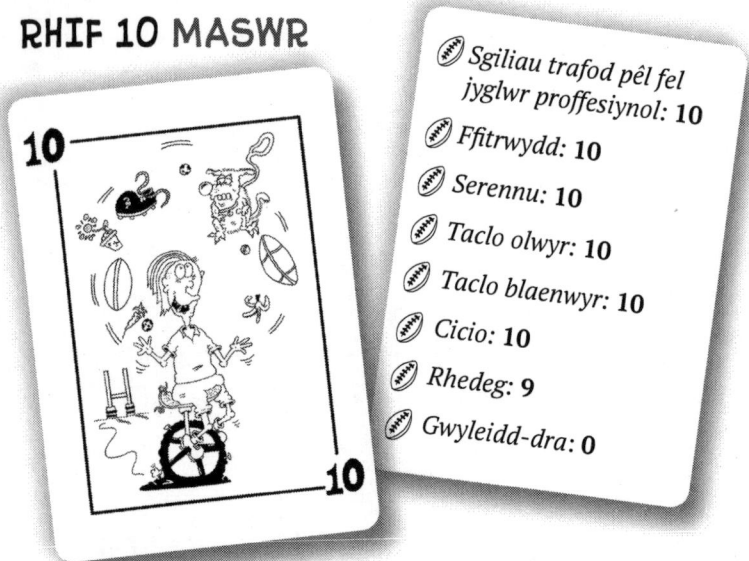

Sgiliau trafod pêl fel jyglwr proffesiynol: **10**

Ffitrwydd: **10**

Serennu: **10**

Taclo olwyr: **10**

Taclo blaenwyr: **10**

Cicio: **10**

Rhedeg: **9**

Gwyleidd-dra: **0**

Mae'n debyg mai'r **maswr** yw'r chwaraewr mwyaf dylanwadol yn y tîm. Ar y cae, bydd tîm trefnus yn edrych fel neidr: y pen yw'r **sgrym**, yr **olwyr** yw'r cynffon sy'n symud. Y **maswr** felly yw calon y sarff ymosodol.

Bydd y chwarae bron bob tro yn mynd trwyddo ef neu hi.

Wrth **ymosod**, y maswr sy'n penderfynu sut i fwydo'r bêl i'r **olwyr**, neu naill ai cicio at yr **ystlys** neu i'r bylchau tu ol i linell **amddiffyn** y gwrthwynebwyr.

Wrth **amddiffyn**, y maswr sy'n trefnu'r **olwyr** mewn llinell fel bod gan bob un o ymosodwyr y tîm arall rywun sy'n eu gwylio a medru eu **taclo** cyn bod ymosodiad yn cael cyfle i fagu stêm.

Mae'n debyg y gallai **maswyr** fod yn gadfridogion effeithiol: y math o gadfridog a fyddai yng nghanol maes y gad yn chwifio'i gleddyf gan weiddi cyfarwyddiadau a geiriau anweddus, yn hytrach na'r un sy'n sefyll gryn bellter i ffwrdd gyda thelesgop a phaned o de.

FFAITH DDIFYR

Cymru ddechreuodd yr arfer o ganu'r **anthem genedlaethol** cyn dechrau gêm (yn **1905**, dechreuwyd canu 'Hen Wlad fy Nhadau' fel ymateb i **Haka Seland Newydd**).

'Dwi wedi mwynhau mynd i Twickenham yn fwy nag ydw i wedi mwynhau gwylio pêl-droed'
– David Beckham

RHIF 11 ASGELLWR CHWITH A
RHIF 14 ASGELLWR DE

Rhedeg fel cath sy'n cael ei herlid gan T-Rex: **10**

Ffitrwydd: **10**

Cicio: **8**

Taclo: **7**

Sefyll yn llonydd ... yn dawel: **-10**

Mae safle'r **asgellwr** yn wych os wyt yn caru popeth am rygbi ar wahân i **daclo**.

Mae **asgellwyr** yn cael eu hadnabod am eu gallu i orffen y dasg. Mae'n hanfodol dy fod yn medru rhedeg nerth dy draed heb fawr o rybudd.

Ac mae'n rhaid i ti wneud hyn yn aml.

Ond am gyfnodau maith o'r gêm, bydd **asgellwr** yn neidio i fyny ac i lawr yn yr unfan fel petai'n ymarfer **dawnsio gwerin**. Mae hyn yn rhannol oherwydd ei fod yn ddiamynedd ond hefyd yn ceisio cadw'n gynnes wrth i'r blaenwyr ymladd am y bêl.

Caiff llawer o **geisiau** eu sgorio gan yr **asgellwyr**, mae hynny'n wir – ond caiff gweddill yr amser ei dreulio'n galw am y bêl neu'n ceisio edrych yn brysur.

RHIF 12 CANOLWR MEWNOL

12

12

Dwylo cyflym: **10**

Amldasgio fel rhiant â swydd llawn amser: **10**

Ffitrwydd: **10**

Taclo olwyr: **10**

Taclo blaenwyr: **8**

Serennu: **8**

Cicio: **8**

Gwyleidd-dra: **5**

Hawdd disgrifio'r **canolwr mewnol** fel **maswr** sydd eisiau mwynhau rygbi heb ormod o gyfrifoldebau. Ond pan fydd y bêl yn cyrraedd, mae'n **eiliad dyngedfennol**.

Ti yw dechrau'r diwedd, y **ddolen hollbwysig** rhwng paratoi **ymosodiad** a chyflawni'r symudiad yn effeithiol.

Mae amseru'r **mewnwr** yn gywir ac wrth i'r holl flaenwyr wneud eu gorau glas i godi o'r mwd a sicrhau bod clustiau ganddyn nhw o hyd, mae'r **maswr** wedi rhoi pàs wych i ti a nawr rhaid i ti wneud y mwyaf o'r cyfle.

Mae yna lawer o ddewisiadau: un ai ceisio hyrddio ymlaen a cheisio bylchu drwy'r **llinell amddiffyn**, creu gofod drwy **gic fach bwt** neu basio i'r **canolwr allanol** (sydd fel arfer ychydig yn gyflymach).

Wrth amddiffyn, mae'n rhaid i ti fedru **taclo fel gwallgofddyn**.

RHIF 13 CANOLWR ALLANOL

13

Rhedeg yn wirion o gyflym: **10**

Symud fel Ninja: **10**

Ffitrwydd: **10**

Taclo Olwyr: **10**

Cicio: **8**

Taclo blaenwyr: **7**

Serennu: **7**

Gwyleidd-dra: **5**

13

Camp y **canolwr allanol** yw amseru ei redeg a chreu onglau annisgwyl. Rhaid meddu ar yr un gallu i **newid cyfeiriad** â cheiliog y gwynt. Mae'n debyg bod **canolwyr allanol** yn dda iawn mewn geometreg.

Erbyn i'r **bêl** gyrraedd y **canolwr allanol**, bydd pawb wedi dechrau cyffroi. Bydd modd gweld pa gyfleoedd ymosod sydd ar gael, yn enwedig os yw'r **llinell gais** gerllaw. Mae'r **canolwr allanol** yn gwneud bron yr un gwaith â'r **canolwr mewnol**, ar wahân i'r ffaith ei fod yn medru rhedeg bron cyn gyflymed â'r **asgellwr**, felly, os oes lle, gallan nhw ennill llawer o dir neu hyd yn oed fynd yr holl ffordd.

Os wyt ti'n chwarae **rhif 13** byddi hefyd yn gwybod pryd fydd yr union adeg i ddadlwytho'r bêl i'r **asgellwr** er mwyn iddo allu croesi'r llinell.

Ond mae angen i ti hefyd wybod pryd i drio cic fach bwt, gan wneud hynny wrth wibio ar garlam heb wneud smonach o bethau drwy gicio'r bêl dros yr ystlys na gadael iddi gael ei tharo lawr. Un o'r golygfeydd gorau ar gae rygbi yw gweld cic i'r gwagle fel bod yr asgellwr yn medru'i dilyn, ei chodi a rhedeg a thirio cais. Oni bai wrth gwrs dy fod wrthi'n amddiffyn.

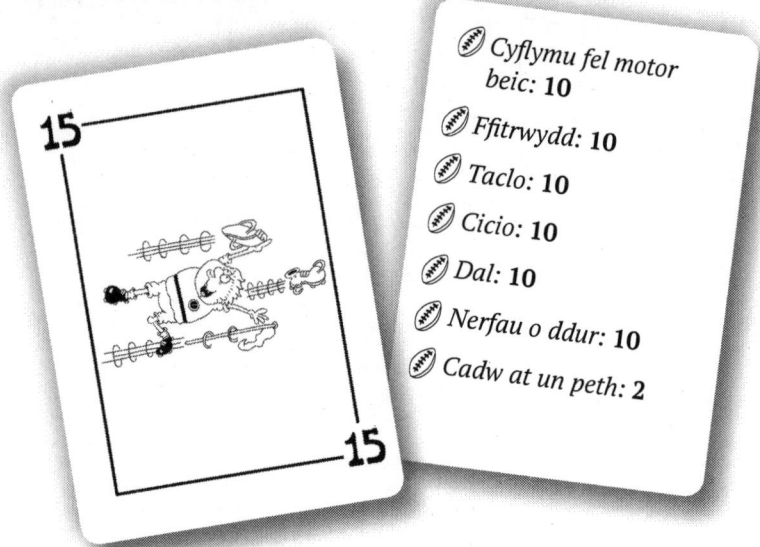

Cyflymu fel motor beic: **10**

Ffitrwydd: **10**

Taclo: **10**

Cicio: **10**

Dal: **10**

Nerfau o ddur: **10**

Cadw at un peth: **2**

Beth fedra i ddweud? Ti yw'r un sydd ar dy ben dy hun. Dyma fe. Ac mae pawb yn dibynnu arnat ti.

Ac mae llygaid pawb arnat ti.

Droeon yn ystod rhan fwyaf o gemau bydd rhaid i'r **cefnwr** wynebu'r eiliad sy'n codi ofn ar bawb: bydd rhywun yn cicio'r bêl mor uchel i'r awyr fel ei bod bron â diflannu i'r niwl a'r glaw. Wrth i ti chwilio amdani yn yr awyr lwyd a cheisio'i gweld, gan ddechrau amau na fydd byth yn dychwelyd, mae sŵn fel taran yn tynnu dy sylw gan beri i ti edrych ar y **cae** o'th flaen ... ac am eiliad rwyt ti'n difaru dy fod wedi edrych: prin ugain llath i ffwrdd ac yn agosáu'n gyflym, mae dwsin o chwaraewyr mawr blin yn carlamu **i'th gyfeiriad**.

Does dim syniad ganddyn nhw i ble mae'r bêl wedi diflannu, ond dydyn nhw chwaith ddim yn poeni – ti yw'r cefnwr a ti yw eu targed ac maen nhw'n medru dy weld yn glir ...

Rwyt ti'n llyncu dy boer, yn edrych i fyny a – diolch byth – mae'r bêl o'r diwedd yn dod i'r golwg. Rwyt ti'n cymryd rhai camau byrion sydyn, yn llwyddo i gyrraedd oddi tani; ac yn ei **dal**. Mae'r fyddin o gyrff mor agos nes y gelli di synhwyro'u presenoldeb, ond dwyt ti ddim yn poeni. Mae'r byd am eiliad fel petai'n rhewi: dim ond ti a'r bêl sy'n bwysig. Fel yr eiliad honno o ffilm *The Matrix* pan mae Keanu Reeves yn sylweddoli ei fod yn medru osgoi bwledi: rwyt ti'n igam-ogamu, gan dwyllo'r **asgellwr**, yna bant â thi, gan symud fel llechen o dân ar ôl tri cham. Efallai y byddi'n llwyddo i fynd heibio un neu ddau chwaraewr cyn penderfynu **cicio at yr ystlys** (yn enwedig os wyt ti y tu mewn dy **22** dy hunan – gweler **tudalen 39**) neu gelli **basio mas** i un o'r **asgellwyr**.

Neu mae modd talu'r gymwynas yn ôl!

Gan **gicio'r** bêl mor uchel ac mor ddwfn â phosib, yna byddi'n gweld eu **cefnwr** nhw'n troi'n welw mewn ofn. Ha ha!

Y **cefnwr** yw chwaraewr olaf y llinell **amddiffyn**: rhedwr, taclwr, ciciwr ac arwr. Ar ddiwrnod da.

EILYDDION

Amser maith yn ôl, os oeddet ti ar y fainc, dim ond mewn sefyllfa anghyffredin iawn y byddet ti'n cael chwarae e.e. pe bai chwaraewr yn colli'i fraich neu'n diflannu mewn pwll diwaelod o fwd ar y **llinell hanner**, a byth yn dod i'r golwg.

Ond erbyn heddiw, mae cael bod yn **eilydd** yn anrhydedd bwysig. Mewn **gemau rhyngwladol**, mae'n bosib defnyddio hyd at **wyth o eilyddion**, felly mae'n debygol iawn y cei di gêm a hynny'n aml iawn ar eiliad gyffrous a thyngedfennol ble medri ymddangos ar y **cae** mewn pâr o siorts glân a rhedeg yn llawn egni o gwmpas chwaraewyr sydd bron â bod ar eu gluniau ar ôl awr o chwarae.

FFAITH DDIFYR Roedd **Che Guevara**, arweinydd chwyldro o'r Ariannin, yn chwaraewr rygbi brwd, ac yn **faswr** ffyrnig er ei fod yn dioddef o'r fogfa (asthma).

Gan 'mod i'n chwarae yn safle'r canolwr allanol fy hun, teimlaf fod angen ychydig mwy o farciau 10 Top Trumps ar gyfer y set sgiliau gan mai dyma aelod pwysicaf y tîm ...

Ond y prif neges yw bod rygbi'n gamp ar gyfer pawb ... a thra bod chwaraewyr yn mynd yn fwy, yn gyflymach ac yn gryfach, dwi'n chwarae gyda llawer o fewnwyr bach, bachwyr tew ac asgellwyr sydd mor denau gallen nhw ddiflannu mewn gwyntoedd cryfion. Wrth dyfu i fyny clywais droeon nad oeddwn i'n ddigon mawr i chwarae canolwr ... felly dyma fi'n sicrhau bod elfennau eraill o fy chwarae'n arbennig o dda ... ac yna dyma fi'n gwneud yn siŵr bod gen i rywun a oedd yn hynod o gryf a phwerus yn chwarae drws nesa i mi ... Diolch, Ma'a [Nonu]!

Conrad

PENNOD 3: Y GÊM

Pam fod gêm rygbi'n 80 munud o hyd,
(er nad ydy hi), y ddwy ffordd o sgorio
(er nad oes yna) a sut i fwrw'r enaid allan
o'r gwrthwynebwyr (ond na ddylet ti).

STRWYTHUR

Does neb yn gwybod pam fod gêm rygbi'n para **80 munud**.

Beth bynnag, mae gêm brawf griced yn para pum niwrnod am y byddi'n sefyll am gyfnodau hir a'th ddwylo yn dy bocedi. Mae golff yn ddiwrnod cyfan fel arfer, a phawb yn cael defnyddio car bach am ei bod yn amhosibl cerdded yn bell mewn esgidiau golff heb gael pothelli gwaed. Ar y llaw arall, mae **gornest focsio** yn para tua 30 munud, heblaw bod rhywun yn cael ei fwrw mas neu'n rhedeg i ffwrdd, ac mae cystadleuaeth **karate** drosodd mewn llai na 15 munud, gan gynnwys yr holl foesymgrymu.

Felly, mae'n siŵr mai'r rheswm yw fod rygbi'n gamp mor **gorfforol**.

Gan fod rygbi'n gamp **gorfforol galed**, ystyrir ei bod yn gêm fwy blinedig na phêl-droed ond yn llai blinedig na chael dy daro dro ar ôl tro yn dy wyneb.

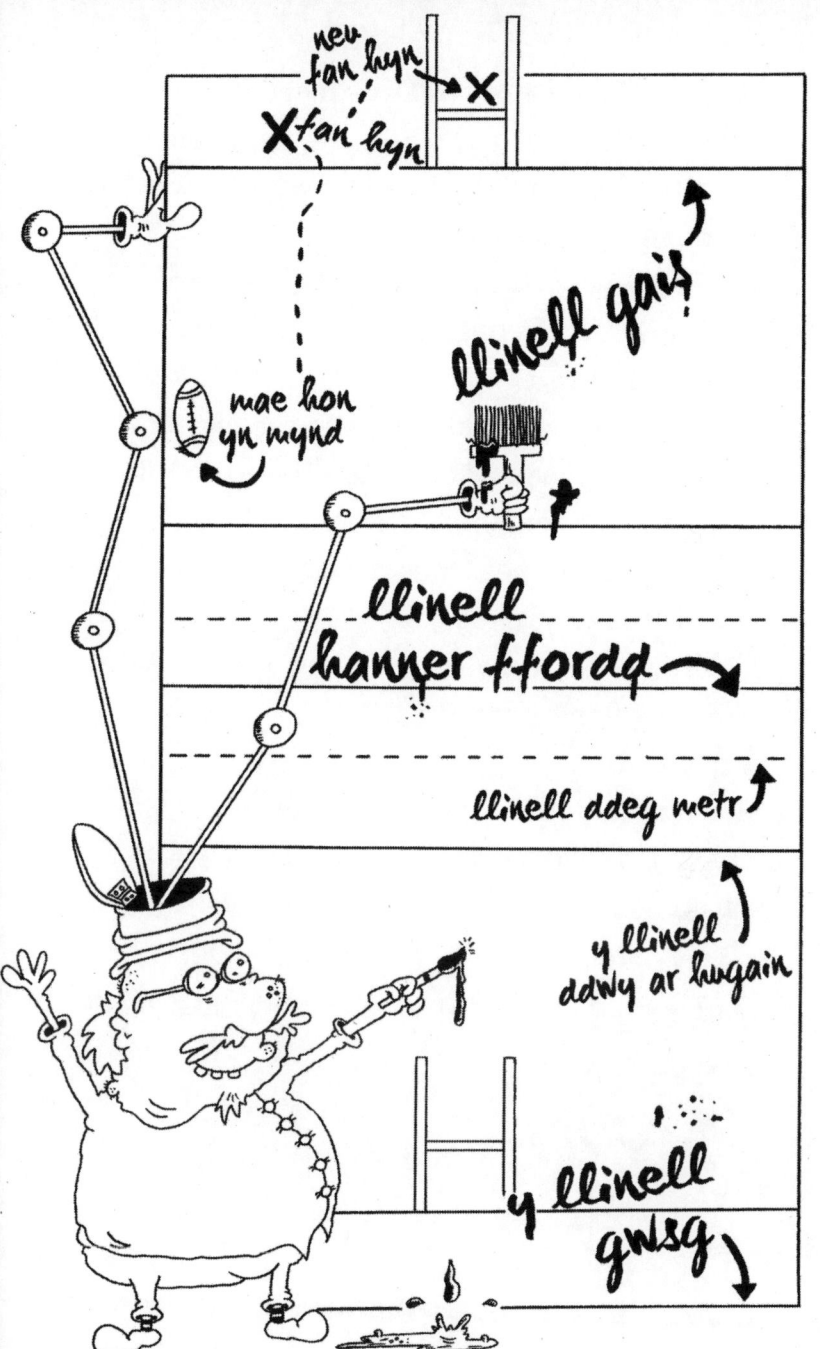

39

Felly 80 munud amdani. Dydy hyn ddim yn cynnwys yr **amser ychwanegol** ar gyfer anafiadau, na'r deg munud a mwy bydd dyfarnwyr yn gweiddi a phregethu ar y chwaraewyr.

Cyn i'r gêm ddechrau bydd y **ddau gapten** yn taflu ceiniog i gael penderfynu pwy gaiff **gicio i gychwyn y gêm**.

Wedi **40 munud**, bydd y timau'n cael **egwyl o 10-15 munud**, cyn newid ochrau i chwarae'r ail hanner. Nid yw'r gêm yn gorffen tan i'r dyfarnwr chwythu'r chwiban neu i'r bêl fynd allan o'r maes chwarae (**dros yr ystlys**).

Y buddugwyr yw'r rhai sydd â'r mwyaf o **bwyntiau** ar ddiwedd y gêm.

A dyna ni!

Mae **newid ochrau** yn ystod yr egwyl yn bwysig. Mae rygbi'n dueddol o gael ei chwarae mewn gwledydd lle mae'r tywydd yn **ofnadwy**, felly mae wynebu'r gwynt a'r glaw neu haul chwilboeth am 40 munud yn gwneud

pethau'n fwy anodd: mae cael chwarae a wynebu'r cyfeiriad arall yn gwneud pethau'n fwy teg.

Os yw'r sgôr yn **gyfartal** ar ôl chwarae'r amser llawn, fel arfer dyna'r diwedd, ar wahân i'r sefyllfa lle mae'n rhaid cael enillydd (mewn **gêm derfynol** neu **gystadleuaeth hawlio lle** yn y rownd nesaf). Bryd hynny, bydd rhaid chwarae **dau hanner pellach o ddeg munud** a elwir yn 'amser ychwanegol'. Os yw'r gêm dal yn gyfartal wedi hynny, yna gellir chwarae deg munud y '**cyntaf i sgorio**'.

Os yw pethau'n dal ynghlwm, yna bydd **cicio am y pyst** yn penderfynu'r buddugwyr. Yn union fel mewn **gêm bel-droed**, er nad yw Lloegr bob tro yn colli i'r Almaen yn y rownd gynderfynol.

'Y blaenwyr sy'n ennill y gêm,
Yr olwyr sy'n penderfynu'r sgôr'

– Anhysbys

SGORIO

Yn y bôn, mae dwy ffordd o sgorio pwyntiau: drwy **dirio**'r bêl tu ôl llinell gais y tîm arall, (dyma'r llinell olaf ond un ben draw'r cae ac fel arfer tua **100 metr** o dy linell gais dy hun) neu drwy **gicio'r** bêl rhwng y **pyst**.

Ond, fel mewn llawer maes, mae **rheolau syml** yn arwain at **eithriadau cymhleth**, fel y digwyddodd, mae'n siŵr, yn hanes barddoniaeth Cymru wrth i ailadrodd llythrennau esblygu'n gynghanedd.

Mae yna **amryw ffyrdd i sgorio** mewn gêm rygbi, a dyna sy'n ei gwneud hi'n gêm mor ryfeddol.

Cais: 5 pwynt

Wrth redeg am **ymlaen** gyda'r bêl (gan gofio'i **phasio am yn ôl** ac edrych i bob cyfeiriad), rwyt ti'n croesi **llinell gais** y gwrthwynebwyr.

'Mae mamau'n cadw lluniau ohonyn nhw ar y silff ben tân i gadw'r plant rhag mynd yn rhy agos at y tân'

– Y sylwebydd chwaraeon Jim Neilly, yn trafod pac Munster.

SYLW PWYSIG ARALL *Os digwydd i ti groesi'r **llinell bellaf un** a'r bêl yn dy ddwylo, man a man i ti gadw i redeg. Fyddi di ddim yn boblogaidd gyda gweddill y tîm.*

*Byddi'n gwybod pan fyddi di wedi croesi'r **llinell gais** achos bydd tua hanner y dorf (a dy gyd-chwaraewyr) yn neidio i fyny ac i lawr mewn gorfoledd.*

*Ar yr eiliad hon mae angen i ti dirio'r bêl, sef ei gosod yn gadarn ar y llawr. Mae hyn yn **bwysig**. Os wyt ti'n anghofio gwneud hyn am dy fod yn gwenu ar dy fam yn y dorf neu os wyt ti'n gollwng y bêl, yna does dim pwyntiau'n cael eu rhoi a byddi'n eistedd yn y bws ar dy ben dy hun yr holl ffordd adre.*

Cais yw'r ffordd orau i sgorio (gan ei fod werth mwy o bwyntiau) a byddi'n arwr.

FFAITH DDIFYR

Mae **UDA** wedi bod yn bencampwyr y **Gemau Olympaidd** ers **1924**. Dyma'r tro olaf i gystadleuaeth rygbi timau llawn fod yn gamp yn y gemau Olympaidd.

DIGWYDDODD RHYWBETH DONIOL ...

Roedd **George Napier**, un o **gefnwyr** pennaf **Seland Newydd**, yn dyfarnu gêm elusen pan laniodd y bêl yn sydyn o'i flaen. Ac yntau'n methu ymatal, gafaelodd yn y bêl a **sgorio cais**.

Trosiad: 2 bwynt

Dyma'r goron ar y cyfan ... gyda dy enw wedi'i ysgythru arni. Yn dilyn cais, mae **ciciwr dy dîm** yn cael cyfle i gicio'r bêl rhwng y pyst. Rhaid cael y bêl dros y **trawst** a rhwng y pyst. Rhaid hefyd cymryd y gic honno o bwynt sydd mewn llinell o ble tiriwyd y cais, felly po agosaf i'r pyst y gelli di **sgorio** cais, gorau oll.

Gôl adlam: 3 phwynt

Digwydd **gôl adlam** pan gaiff y bêl ei chicio ar **hanner adlam** (neu **hanner foli**). Mae llwyddo gyda chic adlam i ryw raddau'n debyg i fedru rhwbio dy fol a tharo dy ben ar yr un pryd. Naill ai rwyt ti'n medru neu fedri di ddim.

Gôl adlam yw un o'r eiliadau dal-dy-wynt: mae pawb yn mynd yn dawel wrth wylio taith y bêl. Wrth iddi hedfan drwy'r awyr, yn gymharol araf, mae'r byd fel petai'n oedi ... ac yn disgwyl ...

Naill ai mae'n hwylio rhwng y pyst a phawb yn credu dy fod yn wych, neu dyw hi ddim ac mae'r dorf yn ailddechrau bwyta'u sglodion a chwyno am y tywydd.

FFAITH DDIFYR Y gêm ryngwladol gyntaf erioed oedd honno rhwng yr Alban a Lloegr. Enillodd yr Alban gyda **chais** a **throsgais**.

'Yr ystlys yw'r amddiffynnwr gorau'

– Bill Beaumont (Mewn geiriau eraill, pan rwyt ti o dan bwysau a phob opsiwn yn diflannu gwthia'r chwaraewr sydd â'r bêl mas dros yr ystlys.)

Cic Gosb: 3 phwynt

Pan fydd **dyfarnwr** yn rhoi **cic gosb** oherwydd bod rhywun o'r tîm arall wedi torri un o'r rheolau, bydd cyfle gan **giciwr dy dîm** gicio am y gôl. Mewn llawer o gemau, dyma sut mae llawer o bwyntiau'n cael eu **sgorio**, a dyna'r rheswm pam mae angen ciciwr medrus a da. Dyma hefyd pam mae'n bwysig peidio â throseddu ac **ildio** ciciau cosb. Mae mwy o gemau'n cael eu colli oherwydd bod timau'n troseddu ac yn ildio ciciau cosb na thrwy unrhyw ffordd arall.

Yn ddiweddar, mae **cicwyr** ciciau cosb wedi dechrau datblygu arferion rhyfedd cyn cicio'r bêl at y pyst. Felly os gweli di'r ciciwr yn chwifio'i freichiau fel iâr, yn ysgwyd ei ben fel camel sy'n cwympo mewn cariad ag asyn, neu'n dechrau ymarfer bale, paid â phoeni: dyma'u ffordd arbennig nhw o baratoi.

Cais Cosb: 5 pwynt + 2 am y trosiad hawdd

Os yw tîm yn rhwystro cais rhag cael ei sgorio'n **fwriadol** drwy dorri rheol, wedyn gall dyfarnwr roi **cais cosb**. I wneud pethau'n waeth (os digwydd i ti fod ar ochr y tîm sy'n torri'r rheolau), bydd y cais hefyd yn cael ei **drosi** heb i'r bêl orfod cael ei chicio rhwng y pyst.

PETHAU I'W GWNEUD
A PHETHAU I'W HOSGOI

Dwi newydd wneud rhestr o 30 o bethau **anghywir** y gelli di wneud wrth chwarae rygbi a dwi'n siŵr 'mod wedi anghofio llawer mwy. Felly dwi wedi rhoi'r ffidl yn y to.

Fel arfer, gwaith **y dyfarnwr** yw sylwi ar y troseddau a'r **cam chwarae**, ac mae angen llygaid yng nghefn ei ben – ychydig fel Yoda, neu dy fam mewn siorts gyda chwiban yn ei cheg.

Mewn gemau mawrion, caiff dyfarnwyr help **swyddogion ar yr ystlys** a hyd yn oed y **TMO** (sef y dyfarnwr neu'r person sy'n osgoi gorfod wynebu'r gwynt a'r glaw). Mewn gemau llai bydd dy dad yn cynnig cymorth ar yr ystlys drwy neidio a gweiddi, 'Hei, reff, aeth y bàs yna 'mlaen! Wyt ti'n ddall?' ac yn y blaen.

Yn hytrach na rhestru pob trosedd – a fyddai'n

cymryd oes pys – dyma grynhoi'r cyfan i bedwar math o beth y gelli di wneud yn anghywir:

- Rhywbeth **peryglus** (tacl uchel, taflu ergyd, bwrw rhywun)
- Rhywbeth sy'n **stopio'r chwarae** (gwrthod rhyddhau neu gadw gafael ar y bêl yn dilyn tacl, neu ddymchwel y sgrym)
- **Sefyll** mewn lle **na ddylet ti** (camsefyll – sef sefyll o flaen y bêl wrth i dy dîm ymosod)
- Bod yn annymunol (mae hyn yn cynnwys dadlau â'r dyfarnwr, neu rwystro'r chwarae'n fwriadol).

Mae'r un olaf yma'n bwysig.

Mae rygbi'n **gamp galed**: mae'n frwydr – ond mae yna reolau a does dim hawl cael arfau. Dyma bron â bod yr unig gêm

lle fedri di chwarae mewn gwres mawr o 30 gradd selsiws lle mae'r cae mor galed â choncrid, neu mewn glaw mawr a chae sy'n fôr o fwd; dyna pam caiff y gêm ei chware gan dros **8 miliwn** o bobl mewn dros **100 o wledydd**. Boed yn eira, cesair, corwynt neu niwl, byddi di mas yno.

Fydd y bêl ddim yn bownsio'n garedig a synhwyrol ac mae yna weiddi a phentyrrau o gyrff a thithau'n ei chael hi'n anodd weithiau i ddal ati. Bydd dy glustiau'n brifo, rhannau o dy gorff yn dyner a chleisiog, a byddi'n dyheu am fath poeth.

Ond o chwarae'n gywir – gydag **anrhydedd** a **pharch** at eraill, at y rheolau a'r **traddodiadau** – ar ddiwedd y gêm byddi di'n teimlo pethau fydd yn gwneud yr holl ymdrech yn werth chweil: **balchder** ynot ti dy hunan ac yn dy **gyd-chwaraewyr**.

DIGWYDDODD RHYWBETH DONIOL ...

Ym **Medi 1949**, llwyddodd **Crysau Duon Seland Newydd** i golli dwy gêm **ryngwladol** mewn diwrnod pan wnaethon nhw anfon dau dîm gwahanol i ddwy **gystadleuaeth** filoedd o filltiroedd oddi wrth ei gilydd. Un yn erbyn **De Affrica**, a'r llall yn erbyn **Awstralia**.

Dechreuais i chwarae rygbi pan oeddwn i'n chwe mlwydd oed, ac fe wnes i ymddeol pan oeddwn yn 36 a nawr dwi'n hyfforddi ... fe ddylwn fod yn gwybod yr holl reolau rygbi, ond dydw i ddim. Does neb. Ddim hyd yn oed y dyfarnwyr. Ond paid â gadael i hynny dy boeni. Fel nifer o bethau mewn bywyd, mae'r ysbryd a'r hwyl yn llawer pwysicach na'r rheolau.

Pan oeddwn yn ifanc dywedwyd dro ar ôl tro 'chwaraea'n galed ond chwaraea'n deg', a dyna rheol bwysicaf rygbi. Rydyn ni'n rhedeg, yn taclo, yn ceisio torri'r dacl ond dydyn ni byth yn taclo'n uchel nac yn ceisio anafu unrhyw chwaraewr. Rydyn ni'n cefnogi ein cyd-chwaraewyr ond byth yn ateb y dyfarnwyr yn ôl.

Mae'r ysbryd chwarae'n deg yma i'w weld ar lefelau ucha'r gêm, ac edrychaf yn ôl â balchder ar sut roedd chwaraewyr o'r ddau dîm yn cwrdd yn y stafelloedd newid gan ysgwyd llaw a rhannu straeon ar ôl gêm brawf galed. Yn yr un modd, mae'r cefnogwyr sy'n gweiddi nerth esgyrn eu pen yn eistedd yng nghwmni cefnogwyr y gwrthwynebwyr, ac am 80 munud maen nhw'n elynion, ond yn fuan wedyn mae'r cyfan yn angof a hwyl y gêm yn ailafael. Fel chwaraewr, mae dilyn yr ysbryd yma'n hollbwysig, a byddi di'n dysgu'r pethau mwy technegol ar hyd y daith.

Conrad

PENNOD 4:
SAFLE GOSOD

BETH YW SAFLE GOSOD?

Mae **safle gosod** yn golygu bod y chwaraewyr i gyd yn stopio rhedeg o gwmpas fel tasai eu siorts ar dân a'r bêl yn fwced o ddŵr gan osod eu hunain mewn rhyw fath o drefn. Dyma gyfle gwych i gael hoe am eiliad ond mae'r safle gosod hefyd yn gyfle i ddangos beth sydd wedi'i ymarfer yn ystod yr wythnos.

Mae'r safle gosod yn digwydd ar ôl i'r **bêl fynd allan** dros yr ystlys neu adeg **cic gosb**, neu pan fydd y bêl wedi cael ei tharo ymlaen neu wedi cael ei thirio.

Mae yna **ddau** safle gosod a **hanner**:

1. Y **llinell** neu'r lein (pan fydd y bêl yn mynd dros yr ystlys allan o'r cae chwarae)
2. Y **sgrym** (wedi i'r chwiban ddynodi bod yna gamgymeriad bach wedi digwydd)

A'R HANNER. Yr **ailgychwyn** (yn dilyn cais).

Y LLINELL

Os yw'r bêl yn mynd dros y llinell **ystlys**, mae hyn yn arwain at **linell neu lein**.

Ar gyfer **llinell**, bydd y blaenwyr yn ffurfio dwy res er mwyn ceisio dal y bêl fydd yn cael ei thaflu o'r ystlys. Dyma sgìl hynod o ddefnyddiol mewn meysydd eraill mewn bywyd fel:

- chwarae pêl fasged amser egwyl
- ciwio yn Ffrainc

Syml a chlir hyd yn hyn.

Ond mae'r gamp hon wedi cael ei datblygu gan **fechgyn ysgol** oedd â digon o amser, sy'n golygu fod pethau'n mynd i fod yn fwy cymhleth na hynny.

Yn gyntaf, mae lleoliad y llinell yn bwysig a **pha dîm** sy'n cael taflu'r bêl yn hollbwysig.

Pwy sy'n cael **taflu'r bêl**?

- Y tîm **nad oedd yn gyfrifol** am y bêl yn mynd allan
- Neu, chwaraewyr y tîm **nad oedd yn cyffwrdd** â'r bêl pan aeth hi **dros y llinell**.

NODYN *Os yw'r bêl yn mynd allan oherwydd bod tîm wedi derbyn cic gosb a chicio'r cic gosb dros yr ystlys, bydd y tîm hwnnw yn cael taflu i mewn.*

Ble mae'r chwaraewyr yn **ffurfio llinell** ar gyfer y llinell?

- Ble mae'r bêl wedi **mynd allan**, wrth gwrs!
- ... ond ddim bob tro ... hy! Yn wahanol i bêl-droed, oni bai bod y bêl yn adlamu cyn iddi fynd allan, bydd y llinell yn digwydd ble **ciciodd** y chwaraewr y bêl, yn hytrach na ble **croesodd** y bêl yr ystlys.
- Beth bynnag, os yw'r ciciwr tu fewn (tu ôl) i'w **linell 22 metr**, gall gicio'r bêl yn syth dros yr **ystlys** heb fod angen i'r bêl gyffwrdd â'r llawr, a bydd y **llinell** yn cael ei ffurfio ble croesodd y bêl yr ystlys.
- Hefyd, os yw'r bêl yn cael ei chicio at yr ystlys fel **cic gosb** does dim angen iddi **adlamu** cyn mynd allan.

Rheolau eraill **y llinell**:

- Rhaid i'r bêl gael ei thaflu'n **syth lawr y canol** rhwng y ddwy res o chwaraewyr.
- Chaiff y chwaraewyr ddim **neidio** tan i'r bêl gael ei thaflu.
- Gall y chwaraewyr gystadlu am y bêl, ond heb **afael** yn chwaraewyr y tîm arall na'u **taclo**.
- Gall chwaraewyr **godi** chwaraewyr eraill. Gwaith **chwaraewyr talaf** y tîm yw hyn fel arfer. Gall hyn edrych fel petaen nhw'n gafael yn dynn yn

ystlys

llinell camsefyll
(10 metr o'r lein)

lleiafswm o 2
chwaraewr o'r naill
dim yn y llinell

Bachwr

Neidwyr

← llinell 5 metr

llinell
← 10 met

siorts y neidiwr, a mwy na thebyg bod hynny'n wir, ond does fawr ddim arall iddyn nhw fedru gafael ynddo.

Tactegau

Fel y dywedais, mae unrhyw **safle gosod** yn gyfle gwych i'r ddau dîm ddangos beth maen nhw wedi bod yn ei ddysgu yn y sesiynau ymarfer. Yn ogystal â'r '**codi**', dyma rai tactegau sy'n cael eu defnyddio i wneud y gorau o'r **llinell**.

Cod cyfrinachol

Yn aml byddi di'n clywed y **bachwr** yn gweiddi rhywbeth ffwrdd â hi ychydig cyn iddo/iddi daflu'r bêl i gyfeiriad dwylo disgwylgar (a mawr iawn) y **blaenwyr**.

Fel arfer y mae'n rhywbeth rhyfedd fel '**Llanfair PG**' neu '**Mecryll Cei Newydd**' gan wneud i chi feddwl a yw'r bachwr yn dechrau mynd yn wirion neu wedi cael ergyd ar ei ben.

Beth bynnag, dydyn nhw ddim wedi mynd yn wallgof. **Cod cyfrinachol** yw'r cyfan.

Mae'r cod yma'n dweud wrth weddill y blaenwyr i ble mae'r bêl am gael ei thaflu (y **derbynnydd dewisedig**) ac/neu beth i'w wneud â'r bêl ar ôl iddi gael ei dal (**dewisiadau'n dilyn y daliad**).

Mae yna nifer o ffyrdd i benderfynu ar y cod, ond

fel arfer mae'n cynnwys **llythrennau**, **rhifau**, neu efallai bydd y bachwr yn cyfeirio at rywbeth sy'n **bersonol** am un o'r chwaraewyr. Mae'n amlwg na fyddan nhw'n gweiddi *Clustiau Mawr!*, *Cochyn!* neu *Coesau Blewog!* Rhaid i'r cod fod yn llawer mwy cyfrwys a chyfrinachol, neu efallai y gellir twyllo drwy ddefnyddio elfen amlwg!

Unwaith mae'r bêl yn yr awyr, os yw'r tîm sy'n **ymosod** yn gwneud popeth yn iawn, mae'r chwaraewr fydd yn derbyn y bêl yn medru dewis beth i'w wneud: naill ai gall ddal y bêl; **glanio a**

gwthio ymlaen i ffurfio blaen y '**sgarmes**' (math o sgrym rydd o gwmpas chwaraewr ar eu traed, gweler **tudalen 84**), gan godi ofn ac achosi pob math o drafferthion i'r tîm arall; neu gall **basio/gwyro'r** bêl yn ôl at y **mewnwr**, a fydd yn cychwyn ymosodiad cyflym a mentrus gyda'i olwyr.

Felly mae'n hanfodol fod pob aelod o'r tîm yn deall y cod cyfrinachol er mwyn gwybod beth sy'n mynd i ddigwydd.

Neu, o leiaf, beth **ddylai** ddigwydd – oherwydd gelli di fentro y bydd gan y tîm sy'n **amddiffyn** eu syniadau eu hunain.

Un o'r rhain yw penderfynu peidio â **chystadlu** i ddal y bêl. Yn hytrach na chodi un o **gewri'r ail reng** gerfydd ei drôns, maen nhw'n ffurfio'u hamddiffyn yn barod i atal unrhyw **ymosodiad** cyn iddo fedru ffurfio.

Gan ein bod yn trafod hyn, efallai hoffet wybod am ddau **gynllun ymosod** arall.

Y tafliad cyflym i mewn

Dyma pryd mae'r chwaraewr yn **pasio'r** bêl yn syth wedi iddi fynd dros yr ystlys, er mwyn dal y tîm arall yn **cysgu**. Gall fod yn effeithiol iawn ond mae yna reolau llym:

- Rhaid taflu **cyn** bod y **llinell** wedi ffurfio (h.y. cyn bod y chwaraewyr wedi dechrau ffurfio rhes).

DIGWYDDODD RHYWETH
~~DONIOL~~ RHYFEDDOL ...

Yng **Nghwpan y Byd 2019**, doedd dim disgwyl
i'r tîm cartref, **Siapan**, wneud yn dda yn y
gystadleuaeth. A hwythau'n dîm o'r Ail Haen,
roedden nhw'n wynebu dau dîm o'r Haen
Gyntaf: Yr Alban ac, yn waeth byth, Iwerddon –
un o ffefrynnau'r gystadleuaeth. Beth bynnag,
fe guron nhw'r ddau dîm gan ddringo i frig y
grŵp. Roedd y fuddugoliaeth yn erbyn **yr Alban**
yn hynod gofiadwy gan i'r gêm bron â chael ei
gohirio oherwydd **corwynt Hagibis.**

🏉 Rhaid i'r bêl symud **am yn ôl** lawr y **cae.**

🏉 All y bêl ddim cael ei **chyffwrdd** gan unrhyw
un (chwaraewr neu unrhyw unigolyn arall) ar
wahân i'r person sy'n ei thaflu i mewn.

🏉 Rhaid i'r bêl gael ei **thaflu** i mewn yn yr **union
le cywir** (y man neu tu ôl y man aeth y bêl
allan).

Taflu tu hwnt i'r llinell

Weithiau bydd y bachwr yn nodi'i fod yn bwriadu
taflu'r bêl tu hwnt i gefn y llinell. Gall hyn fod yn
hynod gyffrous achos bydd un o'r olwyr yn hyrddio

ymlaen, gan
sleifio o gwmpas
cefn y llinell, derbyn y
bêl ar wib wrth iddi gael ei
thaflu dros bennau'r blaenwyr ...

a **rhedeg am y llinell**.

Neu gael ei **lorio**.

Y broblem gyda'r symudiad hwn yw bod y bêl yn cymryd amser i gyrraedd cefn y llinell, sy'n caniatáu i bawb weld beth sy'n digwydd a rhedeg ar ei hôl hi – a **derbynnydd** anffodus y bêl.

Yn anaml iawn y mae'r dacteg hon yn gweithio ac yn aml y mae'n edrych fel camgymeriad (er enghraifft fel petai'r **blaenwyr** wedi anghofio neidio). Beth bynnag, pan fydd y tîm sy'n **ymosod** yn llwyddo i gyflawni'r symudiad, fel arfer y mae'n cychwyn ar gymal diddorol o chwarae.

Felly, mae'r **llinell** yn gyfle da i ddechrau ymosod. Ond, fel llawer o bethau yn y gêm arbennig hon, gall pethau fynd o chwith: efallai na fydd y bêl yn cael ei **thaflu'n syth**, gall y bêl gael ei **tharo ymlaen** gan fysedd lletchwith, gall y **ryc** (tebyg i sgarmes) ar y llawr rwystro'r bêl rhag cael ei rhyddhau, neu gall fod yna **bàs ymlaen**.

Gall unrhyw un o'r **camgymeriadau bach** yma sy'n torri'r rheolau arwain at ... **arteithio**!

... jôc!

... **sgrym.**

Y SGRYM

Rhaid cyfaddef, byddai'n well gan lawer ohonom orfod **dringo'r Wyddfa'n droednoeth yn y glaw** neu gael ein **bygwth gan dân uffern** na mynd yn agos at **sgrym**. Yn y bôn, mae yna **wyth** person hynod o fawr a phenderfynol iawn yn gwthio â'u holl egni'n erbyn wyth chwaraewr arall sydd yr un mor fawr a blin. Yna bydd rhywun egnïol (**mewnwr**) yn brysio o gwmpas yr ochr gan daflu'r bêl yn ofalus i'w canol. A dweud y gwir, man a man iddo fod wedi taflu i mewn y **byrgyr mwyaf blasus dan haul** gan ystyried yr ymateb.

Dyma esbonio – yn amlwg iawn – pam wnaeth sawl chwaraewr yn yr hen ddyddiau **golli ambell**

ddant yn ystod eu hieuenctid (gan gynnwys yr awdur) neu bod eu clustiau'n sticio allan fel soseri o ochr eu pennau.

Yn ystod y blynyddoedd diwethaf mae'r **rheolau** ynghylch y sgrym wedi newid ac wedi mynd yn llawer mwy **llym**.

Byddai manylu arnyn nhw nawr braidd yn **ddi-bwynt** oherwydd mae'n debyg y byddan nhw'n newid eto cyn i fi orffen y frawddeg hon …

Ond maen nhw i gyd yn ceisio sicrhau bod y gêm yn **llifo'n rhwydd** ac, yn bennaf oll, **yn ddiogel**.

Erbyn heddiw, ceir llai o **gnoi** clustiau pobl, **procio** bys i lygad, **cicio** crimogau a galw **enwau hyll** yn sgil rheolau llym am sut mae'r sgrym yn ffurfio (y ddau bac yn dod at ei gilydd a chlymu), pwy sy'n cael **gwthio**, pryd mae hawl gwthio, sut mae gwthio, a chadw ar dy draed. Wrth gwrs, mae ychydig o **alw enwau diddorol** yn digwydd o hyd, ond dyna hanner yr hwyl.

Os nad yw'r ddau dîm wedi **cloi a chlymu'n berffaith** neu'n gwthio'n erbyn ei gilydd mewn **ffordd ddiogel** (yn syth), neu os yw'r sgrym mewn perygl o **ddymchwel**, bydd y chwarae'n cael ei **stopio**'n syth gan y dyfarnwr a **chic gosb** yn cael ei rhoi yn erbyn y tîm oedd yn chwarae'n beryglus.

Ac mae hynny'n beth **da**.

'Y gwahaniaeth rhwng pêl-droed a rygbi … y bêl yw'r taflegryn ar y cae pêl-droed, ond ar gae rygbi, y dynion yw'r taflegrau.'

– Alfred E. Crawley

FFAITH DDIFYR

Yn y gêm rhwng **yr Alban** a **Chymru** yn **1999**, dechreuodd yr Alban y gêm gyda chic gan sgorio mewn **naw eiliad**, sef y **cais cyflymaf** a sgoriwyd yn hanes gemau prawf rygbi.

Gwthio neu Beidio?

Hyd yn oed nawr, mae rhai pobl yn anhapus ac yn teimlo **na ddylid cystadlu** yn y **sgrym**. Ystyr hyn yw nad yw'r naill dîm na'r llall yn **gwthio** ac mae'r tîm sy'n **bwydo**'r bêl i'r sgrym yn cael y meddiant yn awtomatig ac yn cael ei phasio hi allan.

Mae llawer o bobl yn credu bod hyn yn syniad da, achos does **dim cyfle** i unrhyw beth **gwael** ddigwydd. Nac i **unrhyw beth** go iawn ddigwydd chwaith!

Cred llawer o bobl eraill (yn benodol pobl sy'n **chwarae rygbi**) fod hyn yn wirion ac yn teimlo mai'r clwb dawnsio gwerin yw'r lle i ti os nad wyt ti eisiau rhyddhau ychydig bach o stêm gyda chriw o bobl **debyg i ti** sydd ddim yn ofni tipyn o wthio a hyrddio; wedi'r cwbl, y peth gwaethaf allai ddigwydd i ti yno fyddai colli clocsen!

Beth bynnag, beth yw **pwynt** yr holl wiriondeb
yma?

Wel, diolch am ofyn.

Yn gyntaf, yn union fel y llinell, mae'n ymwneud ag **ailgychwyn y gêm** ac ennill **meddiant** o'r bêl.

Yn ail, mae'n ymwneud â **thiriogaeth**. Gall **sgrym bwerus** wthio'r tîm arall dros y bêl. Gall sgrym hynod o gryf yrru a **sgorio**. Digwydd hyn yn aml pan fydd sgrym yn cael ei rhoi ar y **llinell bum metr**. Bryd hynny bydd pethau'n gyffrous a chyfle i **bac cryf** fynd am yr hyrddiad yn agos at **linell gais** y gwrthwynebwyr – yn aml iawn ym munudau ola'r gêm pan fydd angen **cais**, nid gôl gosb, i ennill.

Dyma un o'r eiliadau mewn gêm pan fydd y dorf i gyd ar ei thraed, neu byddi di gartre'n neidio lan a lawr ar y soffa'n gweiddi ar y teledu gyda chreision yn hedfan allan o dy geg.

YR AILGYCHWYN

Nid **safle gosod** traddodiadol yw hwn ond mae'n dechrau cael ei ystyried fel un. Yn y gorffennol, yn dilyn cais, byddai'r tîm oedd wedi ildio pump (neu saith) pwynt yn rasio at y **llinell hanner** yn barod i daro'n ôl.

Byddai'r **gic adlam** mor uchel a dwfn â phosibl, ac fel arfer byddai'r tîm arall yn cicio'r bêl **dros yr ystlys** am **linell**.

Erbyn heddiw mae chwaraewyr yn fwy craff ac

wedi datblygu ffyrdd o **reoli'r chwarae** wedi i'r bêl gael ei chicio.

Mae yna:

Y gic fer

Rhaid i'r bêl gael ei chodi'n weddol uchel a chroesi'r **llinell ddeg metr** a glanio mor agos â phosibl ati.

Mae hyn yn rhoi cyfle ac amser i ddwy don o **redwyr** herio'r gwrthwynebwyr. Bydd y don gyntaf yn cael ei harwain gan un o'r **ddau glo** – daliwr da a thal a fydd yn **cystadlu** am y bêl (h.y. ceisio cael gafael ar y bêl a'i rhwygo oddi ar y chwaraewr sy'n ei dal o'r tîm arall).

Bydd yr ail don (gweddill y **pac**) yno i hawlio unrhyw bêl rydd – oherwydd fel arfer mae'r ddau **glo** sy'n gwrthwynebu'i gilydd wedi methu â dal y bêl yn **lân**.

Mae'r ffordd y mae'r bêl yn **adlamu**'n hollbwysig yn yr achos yma, ac mae'r ffaith y gallai **unrhyw beth** ddigwydd yn gwneud y cyfan yn fwy cyffrous.

Y gic isel

Drwy gicio'r bêl yn **gyflym** ac yn isel mae modd rhoi pwysau ar y tîm arall. Dyma dacteg effeithiol ar **ddiwrnod gwyntog** ac os gall y ciciwr ddewis chwaraewr sydd wedi'i **ynysu**, yn enwedig os yw'n edrych i'r cyfeiriad anghywir, yn clymu careiau ei esgidiau neu'n pigo ei drwyn.

Y gic hir

Dyma'r gic fwyaf **cyffredin** i ailgychwyn gêm, ac y mae'n hynod ddefnyddiol os wyt ti'n amau bod y gwrthwynebwyr yn mynd i **gicio dros yr ystlys**. Os ydyn nhw, mae'n bwysig cael **cynllun llinell** yn barod fel bod modd **ailgylchu**'r bêl yn gyflym a **manteisio** ar y sefyllfa.

'Mae'n symud mor osgeiddig â buwch ar gefn beic'

– Frank Hyde am Noel Kelly

FFAITH DDIFYR

Caiff tua **40 y cant** o bŵer y sgrym ei gynhyrchu gan y **rheng flaen**. Mae **pac blaenwyr** y mwyafrif o dimau proffesiynol yn pwyso tua **900 kg**. Pethau eraill sy'n pwyso 900 kg yw:

- Car bach
- 1,023 cwningen
- Rheino du

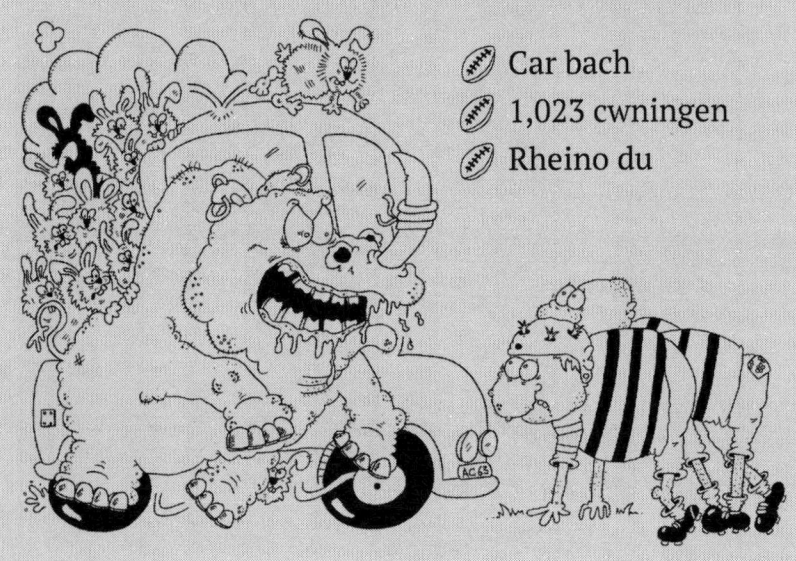

GAIR I GALL

Mae'r safle gosod yn dangos y gwahaniaeth rhwng yr olwyr a'r blaenwyr yn glir. Yn gyffredinol wrth chwarae'r gêm mae pawb yn gwneud yr un pethau: rhedeg, pasio, taclo a hyd yn oed cicio... ond wrth ddod at y llinellau a'r sgrymiau, dyma arbenigedd y blaenwyr. Er i fi dreulio blynyddoedd ar y cae rygbi yng nghanol yr olwyr, dydw i ddim yn gor-ddweud wrth gyfaddef nad oes gen i unrhyw syniad beth sy'n digwydd pan fydd y chwiban yn chwythu ar gyfer safle gosod.

Rwy'n cofio gêm brawf a chwaraeais ynddi yng Nghaerdydd yn glir iawn pan oedd un o'n blaenwyr wedi cael ei anfon i'r cell cosb a'r tîm yn gofyn i mi ymuno â'r sgrym! Cerddais tuag at y sgrym a'm dwylo yn yr awyr yn ceisio esbonio bod gan y bachgen casglu peli fwy o syniad beth i'w wneud na fi. Doeddwn i ddim hyd yn oed yn siŵr ble i sefyll!

Mae'r sgrym yn lle dwfn a thywyll nad yw un o'r olwyr fel arfer yn cael mynd yn agos ati, tra bod y llinellau a'r galwadau cymhleth yn un o agweddau mwyaf dyrys byd rygbi, un y mae'r blaenwyr yn gwarchod yn gadarn.

Ond mae angen amser ac ymarfer i berffeithio hyn, ac mae gweld yr olwyr yn gorffen ac yn cael cawod, a'r blaenwyr yn dal wrthi'n ymarfer eu symudiadau yn y safleoedd gosod, yn olygfa gyffredin ar hyd a lled caeau ymarfer y byd ... rhywbeth i chwaraewyr ifanc gadw mewn cof wrth benderfynu ym mha safle y maen nhw am chwarae!!

Conrad

PENNOD 5: ARDALOEDD Y GWRTHDARO

Sut maen nhw'n digwydd, beth sy'n digwydd ... ac yna beth ...

Mae'r bennod hon yn ymwneud â beth sy'n digwydd cyn, yn ystod, ac ar ôl y **gwrthdaro** yn y chwarae.

Y *gwrthdaro*? Cwestiwn da – a diolch am dalu sylw. Mae **ardal y gwrthdaro** yn digwydd fel arfer pan mae chwaraewr yn rhedeg heb ofid yn y byd, cyn i rywun ei **daclo** a difetha'r cyfan. Mae dau beth yn digwydd yn syth, felly: mae breuddwyd y rhedwr am glod ac enwogrwydd yn cael ei chwalu ... a **llif y gêm** yn cael ei rwystro – a dyna yw **ardal y gwrthdaro** mewn **chwarae agored**.

Yr hyn sy'n digwydd nesaf fel arfer yw **ryc** neu **sgarmes**.

Daw hyn i ben pan fydd y dyfarnwr yn chwythu

ei chwiban gan alw am safle gosod neu gic gosb, neu os caiff y bêl ei phasio allan caiff y chwarae agored barhau.

> **NODYN** *Y gwahaniaeth rhwng ryc a sgarmes: mewn ryc mae'r bêl fel arfer ar y llawr, ac mewn sgarmes mae yn nwylo chwaraewr sy'n digwydd bod a) yn sefyll a b) yn ymwybodol.*

1. CARIO'R BÊL

Oni bai bod gen ti geg anghyffredin o fawr (oherwydd dy fod yn gi, efallai), dim ond dau ddewis sy gen ti o ran cario'r bêl:

Cario'r bêl **gyda dwy law**. Neu gario'r bêl gydag **un llaw**.

Mae gan y ddau ohonyn nhw fanteision.

Techneg dwy law:

- Rwyt ti'n llai tebygol o ollwng y bêl.
- Mae'n rhoi cyfle i ti ddefnyddio'r dechneg 'hudlath' neu 'arwain côr', h.y. 'ffigwr wyth' gyda'r bêl sef **ffugbasio** a cheisio **thwyllo**'r amddiffyn.
- Mae'n caniatáu i ti fedru naill ai pasio i'r **chwith** neu i'r **dde**'n gyflym.

71

Y lleidr un llaw:

🏈 Mae'r dull yma'n caniatáu i ti redeg yn **gyflymach**. Fel arfer mae'r bêl yn dy law chwith, wedi'i gosod o dan dy gesail neu dy fraich, a dy fysedd mewn siâp 'cawell' amdani.

🏉 Mae gen ti **fraich arall yn rhydd** i hyrddio **taclwyr** i ffwrdd neu i bwyntio dros eu hysgwyddau a gweiddi 'corryn'!

🏉 Rwyt ti'n medru **chwifio dy law'n hwyliog** ar y **blaenwyr** wrth wibio'n gyflym heibio iddyn nhw.

A dweud y gwir, mae'n dibynnu beth wyt ti eisiau gwneud ar yr eiliad honno. Os yw dy dîm mewn **safleoedd pasio** yn y **chwarae agored**, mwy na thebyg bod rhedeg gyda'r bêl yn y ddwy law yn well. Ond os oes angen i ti redeg am dy fywyd (am fod **wythwr** mawr yn anadlu i lawr dy war), yna mae cario'r bêl ag un llaw a'r fraich arall yn rhydd i helpu gyda'r gwibio'n syniad da.

2. TACLO

Mae'n rhaid gwneud hyn yn gywir er lles **pawb**, ac yn arbennig er dy les dy hunan. Gwna hyn yn **anghywir** a bydd yn brifo; gwna hyn yn **gywir** a byddi'n teimlo'n **wych**.

Beth bynnag!

Y nod yw peidio â **chwalu** chwaraewyr eraill, ond sicrhau **meddiant** a **thiriogaeth**. Felly prif amcan y dacl yw i stopio'r tîm arall rhag **ennill tir** yn y chwarae agored ac i **adennill meddiant** o'r bêl (bonws mawr).

Prin bod angen dweud mai dim ond y

chwaraewr sydd â'r bêl y cei di daclo. Ond dwi'n ei ddweud beth bynnag.

O'r gorau, **techneg** yn gyntaf, yna ychydig fanylion, a'r **rheolau** angenrheidiol.

Techneg Taclo

Beth bynnag byddi di'n ei wneud ym myd chwaraeon bydd rhywun rywbryd yn siŵr o weiddi arnat ti,

'Plyga dy bengliniau!'

Mae **taclo** ychydig bach yn fwy cymhleth, oherwydd mae angen hefyd i ti fod ar yr un pryd ar flaenau dy draed. Yn olaf, **gwyra ymlaen** a chadw dy freichiau **ar led**.

Breichiau
o gwmpas
y corff

Pen i'r
ochr

Coes mewn
safle cryf

Paid â gor-wneud pethau, neu byddi di'n edrych **yn wirion** – fel taset ti'n ceisio rhedeg wrth gario casgen ddychmygol o ddŵr.

Wrth gymryd pwyll byddi di'n edrych fel **arth** sy'n barod i redeg i sawl cyfeiriad ar unwaith er mwyn cofleidio rhywun yn dynn.

Popeth yn iawn hyd yn hyn?

Mae'r darn nesa'n bwysig iawn. Os wyt ti'n **taclo**, paid â gadael i'r rhedwr ddod atat ti (ddaw e ddim, oni bai mai clo enfawr yw e a thithau'n fewnwr bach pigog). Rhaid i ti eu dal nhw.

Cadw dy lygaid ar dy wrthwynebwyr (yn amlwg), ond paid ag edrych i fyw eu llygaid, na chwaith ar eu breichiau na hyd yn oed eu traed. Edrycha ar eu canol. Yn gyntaf, oherwydd dyna fwy neu lai dy darged. Yn ail, dydy'r **cluniau** byth yn twyllo. Bydd dwylo, pen a thraed y rhedwr yn tasgu i bob cyfeiriad i geisio dy dwyllo, ond bydd y cluniau wastad yn wynebu'r ffordd maen nhw'n mynd. Mae'n **gorfforol amhosibl** gwneud unrhyw beth arall.

Unwaith rwyt ti'n gwybod i ble maen nhw'n mynd, y peth nesa sy'n rhaid gwneud yw **YMRWYMO** i'r **dacl**.

Rwyt yn gwneud hyn drwy redeg yn **gyflymach** dros y metrau olaf. Mae hyn yn anodd, yn enwedig os ydy'r chwaraewr sy'n rhedeg tuag atat ti'n gwneud i'r ddaear grynu: mae'n debyg i rywun yn dweud wrthyt ti mai'r ffordd orau i ddelio â hipo blin yw drwy redeg tuag ato. Beth bynnag, dyna yw'r **ffordd orau**. Creda fi.

Ar yr eiliad hon, bydd y rhedwr yn sicr o dy osgoi – naill ai drwy redeg i'r chwith neu i'r dde ohonot. Mae hyn mewn gwirionedd yn beth da, gan roi cyfle i ti ei daclo o'r **ochr**, heb

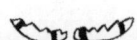

bwysau na **momentwm** i'th fwrw di lawr na'th frifo. Rhaid i ti eu taro nhw **o dan** y frest, a chofia: yn y pen draw yr isaf y medri di gael dy freichiau, yr hawsaf y bydd hi i'w cael nhw lawr.

Dewisa **le diogel** ar ochr eu corff i osod dy **ben** – tu ôl i gludwr y bêl os yw'n bosibl (fel na fyddi'n taro dy ben) – a gwthia dy **ysgwydd** i mewn i'w **stumog**, gan lithro dy freichiau lawr eu coesau, a chydio ynddyn nhw mor dynn ag y gelli.

Mae'n hanfodol dy fod yn cadw dy goesau i **symud ymlaen** drwy'r amser, gan eu pwmpio nhw'n galed fel pistonau.

Dylai tri pheth ddigwydd os wyt yn gwneud hyn yn iawn:

- Bydd **ysgwydd** yn y **stumog** yn bwrw'r gwynt allan ohonyn nhw, yn eu gwanhau ac **arafu eu symudiad ymlaen**.
- Bydd dy **freichiau** sy'n gwasgu eu **coesau** yn eu bwrw oddi ar eu hechel ac yn gwneud iddyn nhw golli eu cydbwysedd.
- Bydd cadw dy goesau i **symud ymlaen** yn llorio'r rhedwr nes ei fod yn llyfu'r llawr.

Cyn gynted ag y byddan nhw wedi cael eu **taclo**, ceisia godi ar dy draed **mor gyflym â phosibl**, yn enwedig os yw'r **bêl yn rhydd** er mwyn cael gafael arni.

Rheolau taclo

Mae **tacl** yn dacl os yw'r chwaraewr sydd â'r bêl yn cael ei stopio a'i dynnu i'r llawr.

Rhaid i'r **taclwr**:

- **ollwng ei afael ar unwaith ar y chwaraewr sydd â'r bêl** cyn gynted ag y mae'r ddau ohonyn nhw ar y llawr (a'r chwaraewr a gafodd ei daclo ag o leiaf un ben-glin ar lawr)
- **symud i ffwrdd**
- **peidio â chyffwrdd â'r bêl nes ei fod yn ôl ar ei draed** (a ddim yn camsefyll)
- rhoi cyfle i'r **chwaraewr a gafodd ei daclo ryddhau** a symud oddi wrth y bêl.

Rhaid i'r **chwaraewr sydd â'r bêl**:

- **ollwng** y bêl **ar unwaith**
- **symud i ffwrdd** oddi wrth y bêl

Mae'r dacl **wedi dod i ben**:

- pan fydd **ryc** yn ffurfio
- pan fydd chwaraewr o'r naill dîm neu'r llall yn ennill **meddiant** o'r bêl ac yn **symud i ffwrdd** neu'n **pasio** neu'n **cicio**'r bêl (ond yn aros ar ei draed)
- pan nad yw'n bosib **chwarae'r bêl**. Gall hyn ddigwydd oherwydd bod y bêl yn sownd yn y **ryc**.

Osgoi neu dorri tacl

Mewn bywyd bob dydd – petaet ti'n meindio dy fusnes, yn cicio pêl yn y parc neu'n sefyll wrth yr arhosfan bws – a bod rhywun cwbl ddieithr yn **bwrw i mewn** i ti mor galed nes dy fod ti'n glanio'n bendramwnwgl ar lawr, fe fyddet ti'n flin iawn.

Ond rwyt ti'n siŵr o gael dy **daclo** mewn gêm rygbi ac mae dysgu sut i gymryd ambell hergwd a chodi gyda **gwên** ar dy wyneb yn sgìl ddefnyddiol ar gyfer **bywyd**.

Cofia, os gelli di osgoi cael dy daclo, mae hynny'n beth da achos byddi di'n cadw'r **meddiant** am amser **hirach**, a bydd mwy o **gyfleon** i ti **sgorio**.

FFAITH DDIFYR Ciciwyd y **gôl gosb bellaf** mewn gêm brawf erioed (a honno'n **64.2 m (70 llath)** o hyd yn erbyn **yr Alban**. Y sgoriwr oedd **Paul Thorburn** (Cymru) yn ystod **Pencampwriaeth y Pum Gwlad 1986** yn y Stadiwm Genedlaethol yng **Nghaerdydd**. Y **gôl adlam** bellaf i'w chofnodi yw **77.7 m (85 llath)** gan **Gerald Hamilton 'Gerry' Brand** o **Dde Affrica** yn erbyn **Lloegr** yn **Twickenham** ar **2 Ionawr 1932**.

A dweud y gwir, mae peidio â chael dy daclo yn **nod** mewn gêm rygbi, felly dyma ambell air o gyngor ar sut i osgoi tacl, sydd ddim yn golygu sefyll gartref neu ddechrau chwarae golff:

🏉 **Cyflymder:** rheda'n gyflymach a/neu newid dy gyflymder (arafu neu stopio).

🏉 **Sioncrwydd:** newidia gyfeiriad (nid ras wibio yw hi, ond bydd yn effro, yn glyfar a chyfrwys), gwna hyn drwy ochrgamu, ffugio ac osgoi ac ati.

Osgo: sy'n golygu safle dy gorff, e.e. os wyt ti'n gwyro i mewn i'r dacl mae'n ei gwneud hi'n anoddach i ti gael dy stopio.

Hwp llaw: dan 11, ddim yn cael ei ganiatáu; 12–15, dan y ceseiliau'n unig; wedi hynny, unrhyw le cyhyd â bod y fraich wedi'i hymestyn yn llawn cyn cyffwrdd (a ddim yn ergyd)

... ac yna'r **cicio**.

'Dwi ddim yn credu mewn hud a lledrith, Dwi'n credu mewn gwaith caled'
– Richie McCaw

3. CICIO O'R DWYLO

Sef **cicio**'r bêl wrth i ti **redeg**. Mae yna elfen o **fentro** oherwydd rwyt ti'n colli rheolaeth ar y bêl cyn gynted y byddi di'n ei chicio, felly mae angen i ti feddwl am **dactegau**:

Cicio at yr ystlys
Ffordd dda o **ennill** llawer o dir yn gyflym, ond cofia bydd y tîm arall yn cael **taflu'r bêl i mewn** i'r **llinell**. Cofia hefyd, os byddi di'n cicio tu fas dy 22, mae'n rhaid i'r bêl **fownsio** cyn iddi fynd dros yr ystlys. *Tacteg*: *dewis effeithiol os nad oes ffordd glir i redeg y bêl mas o drwbl.*

Cicio i wagle
Eto, ffordd o ennill **tir** ond dwyt ti **ddim** yn mynd at yr **ystlys** (i gael llinell). Y nod wrth gicio'n hir neu'n fyr i'r **gwagle** tu ôl i **linell amddiffyn** y gwrthwynebwyr yw rhoi cyfle i chwaraewyr cyflymaf dy dîm di i gwrso'r bêl a gobeithio cyrraedd yno gyntaf. Mae'n symudiad

cyffrous
achos
gallai
**unrhyw beth
ddigwydd** ac mae'n
wych pan mae'n llwyddo.

Tacteg: *yn gorfodi'r tîm arall i fynd am yn ôl.*

NODYN *'Cic bwt ... dyma'r gic ar hyd y llawr.*
Gall ciciwr medrus wneud i'r bêl ddawnsio a
thasgu i fyny fel bod modd i dy redwr cyflymaf
ei chasglu neu gall wneud i'r bêl rolio'n llyfn,
fel bod chwaraewr yn gallu tirio'r bêl am gais.

Cic uchel

Dewis da os wyt ti'n un o'r chwaraewyr hynny sy'n
medru gwneud i bêl **ddiflannu** i'r cymylau a bod un
neu ddau chwaraewr pêl-fasged ar dy ochr. Yr **uchaf**
yr eith hi, mwyaf fydd y **cyfle** i'r chwaraewyr talaf a'r
neidwyr gorau ddwyn y bêl oddi ar y tîm arall, ond
a fydd yn sylweddoli'n sydyn iawn nad oes pwrpas
meddwl am daclo dim ond am **ddal** y bêl, er bod yna
haid o chwaraewyr yn rhedeg atyn nhw'n **sgrechian**.
Tacteg: *yn rhoi'r tîm arall dan bwysau.*

4. RYCIO (A'R SGARMES)

Bydd rhywun sydd ddim yn gwybod llawer am rygbi'n siŵr o edrych ar **ryc** a phenderfynu naill ai bod ffeit wedi dechrau, neu bod sawl **blaenwr** mawr wedi penderfynu chwarae Twister – gan ddefnyddio'r **mewnwr** fel mat.

Mae llawer o bethau all fynd o le'n ddifrifol yn y ryc a'r sgarmes, felly dyma rai pethau y dylet

wneud a rhai pethau yn sicr dylet osgoi gwneud:

- 🏉 Rhaid i'r chwaraewr sy'n cael ei **daclo, ollwng** y bêl, er bod temtasiwn i afael ynddi fel tasai'n dy hoff **dedi** a'i bod hi'n ddiwedd y byd. **O beidio â gollwng dy afael, mae'n gic gosb.**

- 🏉 Unwaith mae pethau wedi **setlo** ar y llawr, gall y chwaraewr osod y bêl ar gyfer y **cyd-chwaraewyr**. Dylai'r chwaraewr a daclwyd osod y bêl **mor bell** â phosibl o afael y **gwrthwynebwyr** a cheisio troi ei gorff i **wynebu** ei dîm ei hun.

- 🏉 Dylai'r cyd-chwaraewyr yrru ymlaen a **chlirio** unrhyw wrthwynebwyr o'r llinell **amddiffyn** (bydd y rheini'n sicr o geisio gwthio'r ffordd arall, felly fydd pethau ddim yn hawdd).

- 🏉 Mae'n rhaid i'r **chwaraewyr cefnogol** aros ar eu traed a gwthio 'â'r un ysgwydd a'r un droed': gan gadw'n **isel** a gwthio fel tasai dy long yn suddo a'r unig ffordd i stopio'r dŵr rhag llifo i mewn yw cau'r drws. Wedi clirio'r **amddiffynwyr**, bydd angen i dy rycwyr mawr a bach warchod y bêl drwy gadw'n isel a ffurfio math o **do** â'u **hysgwyddau**.

Bydd ryc sy'n **cael ei chynnal yn dda** yn debyg i sgrym lwyddiannus, gyda'r bêl dan reolaeth yn cael ei sgubo allan at yr **olwyr** sydd wedi aildrefnu eu hunain ar gyfer ymosodiad arall.

5. PASIO

Gellir ymarfer pasio unrhyw le erbyn hyn. Yn y
gorffennol roedd angen pêl a pherson arall a oedd yn
barod i basio yn ôl i ti (ffrind, gelyn, rhiant, gwas ...)
Erbyn heddiw, mae yna beli siâp arbennig ar gael
i ti allu pasio i ti dy hunan
– y cyfan sydd angen arnat
ti yw wal fflat a
chymdogion
byddar.

Mae yna sawl math o bàs:

-  **Troelli** (hwn sy'n edrych fwyaf cŵl, y bàs fwyaf poblogaidd heddiw, wedi iddi ddisodli'r fflic tua 1973)
- **Dadlwytho** (ar ganol tacl)
- **Pop** (byr a sydyn)
- **Fflic** (defnyddio'r garddyrnau, anodd methu)
- **Y bàs wrthol** (y bàs tu ôl – am yn ôl)

'Mae'n deimlad gwych i wybod nad oes ffiniau i Gwpan Rygbi'r Byd'

– Sergio Parisse. Wrth iddo chwarae gêm brawf 142 dros yr Eidal, roedd y gofodwr a'r Eidalwr Luca Parmitano yn gwylio'n fyw ar fwrdd yr Orsaf Llong Ofod Ryngwladol yn 2019.

Sut mae pasio a dal

 Pasio i'r chwith: pŵer i gyd yn y llaw dde, a'r llaw chwith i reoli a chefnogi'r bêl.

 Pasio i'r dde: (dyna ni, ti wedi'i gweld hi!) y pŵer i gyd yn y llaw chwith, rheoli a chefnogi'r bêl gyda'r dde.

1. Swingia dy freichiau fel pendil wrth i ti basio.
2. Edrycha ar y person rwyt ti'n pasio iddo/iddi (synnwyr cyffredin efallai, ond mae pasio'n ddall yn un o'r rhesymau mwyaf cyffredin pam fod pàs wael yn digwydd).
3. Dylai dwylo'r chwaraewr sy'n derbyn fod i fyny o'i flaen, fel arwydd ei fod yn barod i dderbyn y bêl.
4. Anela at frest neu ddwylo'r chwaraewr sy'n derbyn, os ydyn nhw i fyny.
5. Os mai ti sy'n derbyn y bêl, mae'n syniad da bod gennyt gynllun beth i'w wneud â hi ar ôl i ti ei chael.
6. Dylai'r pasiwr a'r derbynnydd geisio rhedeg ar yr un cyflymder.

DIGWYDDODD RHYWBETH DONIOL ...

Yn 2000 aeth y Dorchester Gladiators – clwb bach o ddynion canol oed o **Loegr** – ar daith elusen i **Rwmania** i rannu teganau mewn cartref plant amddifad. Pan gyrhaeddon nhw yno, gofynnwyd iddyn nhw a fydden nhw'n hoffi **gêm gyfeillgar**. Wrth gwrs, fe gytunon nhw, gan ddychmygu chwarae yn erbyn tîm bach lleol fel ffordd hyfryd i orffen eu hymweliad â Bucharest. Dechreuon nhw amau bod rhywbeth yn rhyfedd wrth gyrraedd y stadiwm a gweld **miloedd** o gefnogwyr yn canu a chamerâu teledu'n eu disgwyl. Roedd yna gamgymeriad wedi digwydd gan iddyn nhw gael eu camgymryd am dîm proffesiynol y **Barbariaid,** a'u gwrthwynebwyr y diwrnod hwnnw oedd un o dimau gorau Rwmania sef **Steaua Bucharest**, a oedd yn cynnwys nifer o'u chwaraewyr rhyngwladol.

Ar ôl ychydig funudau, dechreuodd pawb sylweddoli beth oedd y Saeson eisoes yn gwybod. Fel sy'n nodweddiadol o fyd rygbi, gwelwyd ochr ddoniol y sefyllfa ac aeth y gêm yn eu blaen, gyda Steaua yn dal yn ôl yn erbyn y Gladiators canol oed. Y sgôr parchus ar ddiwedd y gêm oedd **60-17**.

'Caiff rygbi ei barchu am ei gyfraniad ... yn ystod blynyddoedd cyntaf ein democratiaeth newydd

(yn Ne Affrica)'

– Nelson Mandela

90

Yn wahanol i sgiliau'r safle gosod, mae'r sgiliau a nodwyd yn y bennod hon yn rhai rydyn ni olwyr yn mwynhau treulio oriau'n eu hymarfer. Felly, tra bod y blaenwyr yn gwthio'r peiriant sgrymio ac yn treulio oriau ar y llinellau, mae'r olwyr wrth eu boddau'n perffeithio'r bàs, yn glanio cic 40 m ar facyn poced a chystadlu yn erbyn ei gilydd gan ochrgamu a ffugio.

Gelli ymarfer a pherffeithio'r sgiliau yma gartref, gyda'r teulu a ffrindiau yn yr ardd gefn. Yn wahanol i gêm o rygbi, lle mae angen cae mawr a llawer o chwaraewyr, yr unig bethau sy eu hangen ar gyfer ymarfer y sgiliau yma yw pêl rygbi neu ambell gôn. A dyma'r sgiliau sy'n gosod y chwaraewyr gorau ar wahân i'r chwaraewyr da. Y bàs sy wedi'i hamseru'n berffaith, y gic sy'n taro'r targed, y dacl wych: dyma sgiliau'r chwaraewr arbennig sydd wastad yn ganlyniad oriau o ymarfer.

Wrth gwrs, mae gan y chwaraewyr gorau yr hyn a elwir y 'tri bygythiad'. Pan fydd y bêl ganddyn nhw, maen nhw naill ai'n cario, pasio neu gicio, ac maen nhw'n gallu gwneud pob un ohonyn nhw'n effeithiol heb i'r amddiffyn fyth wybod pa opsiwn maen nhw'n bwriadu dewis.

Roeddwn i wastad yn falch o fy sgiliau pasio, a'r cyngor gorau fedra i roi i ti yw gwthio dy ddwylo drwy'r bàs, fel bod dy fysedd yn gorffen yn pwyntio at y targed. Bydd hyn yn rhoi mwy o bŵer a chywirdeb gyda'r bàs, a does dim rhaid iddi droelli!! Dal ati i ymarfer dal y bêl a phasio'n syth mor sydyn â phosibl, sgil arbennig er mwyn curo amddiffyn sy'n symud yn gyflym.

Conrad

PENNOD 6: RYGBI'R UNDEB YN Y DYFODOL

O Tahiti i Tonga, o'r Alban i Sbaen, o Kasakhstan i Kwrdistan, maen nhw i gyd wrthi.

Yn ôl Rygbi'r Byd, mae 120 gwlad ar hyd a lled y byd yn chwarae **rygbi'r undeb** ac mae'n cynyddu mewn poblogrwydd yn y mwyafrif ohonyn nhw.

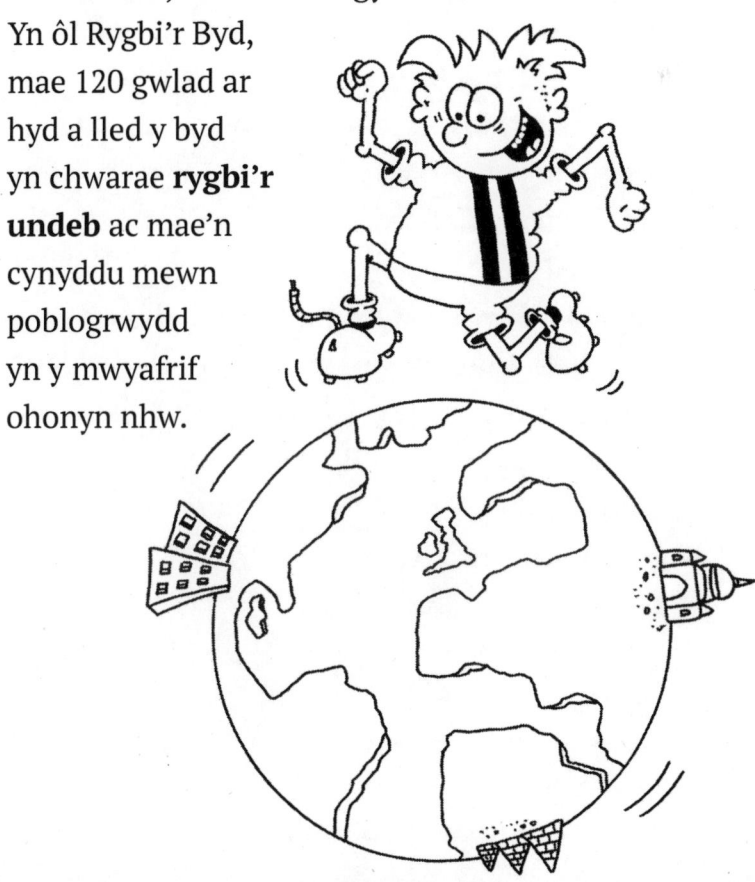

93

Ystadegau cŵl

Mae'n amser ar gyfer **PWYNTIAU BWLED** y bêl hirgron!

- Yn 1995 roedd yna **1.5 miliwn** o chwaraewyr cofrestredig, nawr mae yna **9.6 miliwn**.

- Yn yr un flwyddyn (1995), gwyliodd **50 miliwn** o bobl Gwpan y Byd ... 25 mlynedd yn ddiweddarach, yn 2020, roedd **878 miliwn** yn gwylio'u sgriniau teledu, gan ollwng creision ar y carped a thaflu clustogau at ei gilydd.

- **De Affrica** sydd â'r nifer fwyaf o chwaraewyr cofrestredig gyda **651,146** ac yn **Lloegr** mae'r nifer fwyaf o chwaraewyr drwyddi draw sef **2,139,604** [*Wiki*].

- Mae **800 miliwn** o gefnogwyr rygbi (dyna'r nifer o bobl a geir yn Ewrop a'r Unol Daleithiau gyda'i gilydd ... ynghyd â phoblogaeth Siapan. Neu lluosi poblogaeth Fiji 800 gwaith).

- Cofnodwyd bod dros **2 filiwn** o blant yn dilyn y cynllun **'Get into Rugby'** yn **2018**.

[*Ffigyrau Rygbi'r Byd 2017-2020*]

Diogelwch

Dyma agwedd arall o'r gêm sy'n **gwella** pob blwyddyn, sy'n bwysig am nifer o resymau – oherwydd mae'n braf medru gadael y cae ar ddiwedd gêm gyda dwy glust bron yn y llefydd cywir, ond yn bennaf oherwydd bod y **gêm broffesiynol** yn mynd yn **galetach** wrth i'r chwaraewyr fynd yn **fwy** ... ac yn **well**!

Ers y Cwpan Byd cyntaf yn **1987** mae pwysau cyfartalog chwaraewr wedi codi bron **12 kilogram** (dwy stôn).

Mae hyn yn arwain at yr hafaliad canlynol:

20 Y CANT O GYNNYDD yn **NHALDRA**'r chwaraewr

= **44 Y CANT O GYNNYDD** mewn **CRYFDER**

= **73 Y CANT O GYNNYDD** yng **NWYSDER**

Y GWRTHDRAWIAD.

= **AWTSH!**

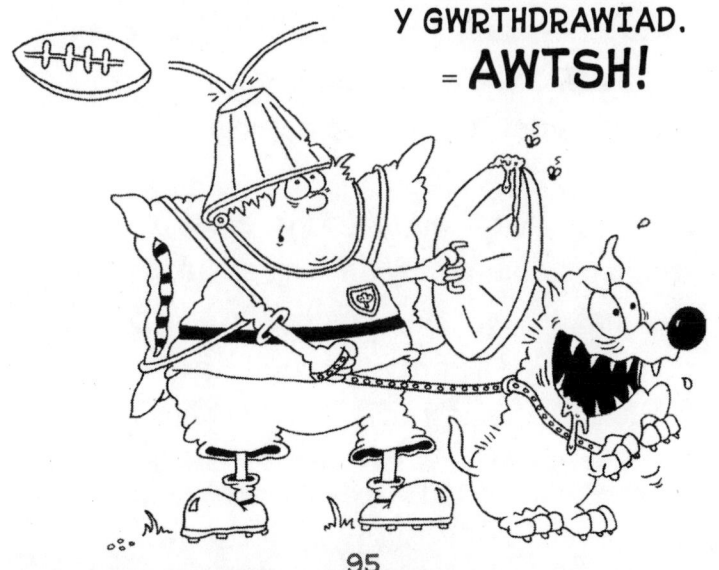

95

Taldra: 179.6cm | 181.8cm | 184.6cm | 186.4cm | 186.5cm

Pwysau: 84.4kg | 88.3kg | 90.1kg | 103.6kg | 104.4kg

Ond mae angen i ti fod yn gyflym

... a dydyn nhw ddim yn dod llawer cyflymach na **Louis Rees-Zammit**, wnaeth osod record bersonol o **11.20 metr yr eiliad** mewn prawf cyflymder dros 40 metr.

Heddiw, mae **ryciau** a **sgarmesoedd** yn cael eu stopio rhag para'n rhy hir rhag ofn iddyn nhw achosi anaf. Mae rhai chwaraewyr yn gwisgo helmed i **warchod y pen** a **gard i warchod y geg** ac mae'r taclo'n cael ei reoli'n ofalus i wneud yn siŵr fod pawb yn ddiogel.

Gall plant ddechrau chwarae rygbi **cystadleuol** pan fyddan nhw'n **chwe** mlwydd oed drwy chware **rygbi tag** (dim sgrymio na thaclo) a gwneud hynny tan eu bod yn wyth neu'n naw mlwydd oed.

Felly, beth nesa ...

... ymlaen i'r dyfodol

Mae rygbi wedi bod gyda ni ers **200 mlynedd** bellach, a pha bynnag reolau fydd yn newid a ble bynnag bydd rygbi'n cael ei chwarae a chan bwy, bydd ysbryd y gêm – yr union beth sy'n rhoi calon i'r gêm a'i gwneud mor arbennig i'w chwarae a'i gwylio – fyth yn marw, byth yn newid, ac yn **parhau**.

Mae'n **gêm gadarn**, fel ei chwaraewyr. Bydd rygbi yn ei holl ffyrdd yn parhau i fod yn gyfuniad arbennig o **gyfeillgarwch** a **chwarae teg**.

Ac yn ein **herio** i fod yn **wahanol**.

Yn union fel y tro hwnnw gwnaeth merch ddeng mlwydd oed daflu'i het a'i chot a dechrau **chwarae rygbi** gyda'i brodyr mewn cyfnod pan roedd disgwyl i ferched wneud dim ond dawnsio neu wnïo ... neu pan gododd bachgen o'r enw Webb Ellis y bêl, a thynnu anadl ddofn a **rhedeg am y llinell** ...

RYGBI YN Y FLWYDDYN 3000

Swynwyr Sadwrn yn herio Gwibfeini Garw mewn gêm 7 bob ochr heb ddisgyrchiant

Crwydriaid Neptiwn yn cipio Cwpan Hofran y Byd

XV Y Twll Du yn llyncu Gŵyl y Gorwelion mewn Gêm Gyfeillgar Gas

Cewri'r Cosmos yn curo Clwb Rygbi Pontypridd

Dim sioc yma, achos **maen** nhw'n gewri go iawn

100

CASGLIAD

Yn fy mhrofiad i, rygbi yw un o'r campau mwyaf **gwallgof** yn y byd, ac eto i gyd y mae'n cael ei chwarae gan y bobl fwyaf **rhesymol** a **gwâr** y mae'n bosibl dod ar eu traws. I rywun o fyd arall, efallai y byddai'n edrych fel petai **ffeit** wedi dechrau rhwng **16** person mawr mwdlyd tra bod **14** arall ychydig yn llai o faint yn sefyllian o gwmpas yn syllu arnyn nhw'n eiddgar. Mae'n arw ac yn digwydd ar adeg o'r flwyddyn byddai'n well gen ti fod dan do o flaen y tân (**hemisffer y gogledd**) neu tu fewn gyda'r 'air con' (rygbi **hemisffer y de**).

Hyd yn oed pan oeddwn i'n yr ysgol, yn gwisgo cit tamp a brwnt y diwrnod cynt mewn stafell newid rewllyd, dwi ddim wedi **difaru** chwarae unrhyw gêm o rygbi erioed – na difaru gwylio gêm chwaith.

Mae **rygbi** yn enghraifft o chwaraeon tîm ar ei orau – bod yn rhan o rywbeth rwyt ti'n **falch** ohono – gyda **chyrhaeddiad** unigol a'r **hunan-barch** a'r **bodlonrwydd** a ddaw yn ei sgîl.

Ar ben hyn i gyd, mae'n **sbort a sbri**.

CYSTADLAETHAU ...
A CHYN-ENILLWYR

**'Pan fyddi di'n ennill, paid â dweud dim.
Pan fyddi di'n colli, dweda lai'**

– Anhysbys

CYSTADLAETHAU RHYNGWLADOL

CWPAN RYGBI'R BYD

Pryd? Bob pedair blynedd

Pwy sy'n cystadlu? Dynion: Y 12 tîm uchaf yng Nghwpan y Byd 2019, ynghyd ag 8 tîm sydd wedi dod trwy gyfres o gemau rhagbrofol.

Merched: Y 7 tîm uchaf yng Nghwpan y Byd 2017, ynghyd â 5 tîm sydd wedi dod trwy gyfres o gemau rhagbrofol.

102

Ers pryd? 1987 (dynion); 1991 (menywod).

Enillwyr (a'r tîm a gurwyd)

1987: Seland Newydd (Ffrainc) *29–9*

1991: Awstralia (Lloegr) *12–6*

1995: De Affrica (Seland Newydd) *15–12*

1999: Awstralia (Ffrainc) *35–12*

2003: Lloegr (Awstralia) *20–17*

2007: De Affrica (Lloegr) *15–6*

2011: Seland Newydd (Ffrainc) *8–7*

2015: Seland Newydd (Awstralia) *34–17*

2019: De Affrica (Lloegr) *32–12*

Y timau â'r nifer fwyaf o deitlau ers 1987

1. Seland Newydd – *3*

2. De Affrica – *3*

3. Awstralia – *2*

4. Lloegr – *1*

PENCAMPWRIAETH Y CHWE GWLAD

Pryd? Bob blwyddyn.

Pwy sy'n cystadlu? Lloegr, Iwerddon, Cymru, Ffrainc, Yr Eidal a'r Alban.

Ers pryd? 1883 (dynion); 1996 (menywod).

ENILLWYR PENCAMPWRIAETH Y CHWE GWLAD

Mae gan **Gymru** a **Lloegr 39** buddugoliaeth (**27** lawn a **12** ar y cyd i Gymru a **29** lawn a **10** ar y cyd i **Loegr**). Ers cychwyn y **Chwe Gwlad** yn **2000**, dim ond **Yr Eidal** a'r **Alban** sydd heb ennill y bencampwriaeth.

Ers 2000
(fel y Chwe Gwlad)
2000, 2001 Lloegr
2002 Ffrainc
2003 Lloegr
2004 Ffrainc
2005 Cymru
2006, 2007 Ffrainc
2008 Cymru
2009 Iwerddon
2010 Ffrainc
2011 Lloegr
2012, 2013 Cymru
2014, 2015 Iwerddon
2016, 2017 Lloegr
2018 Iwerddon
2019 Cymru
2020 Lloegr
2021 Cymru
2022 Ffrainc

Ers 1940
(Pencampwriaeth y
Pum Gwlad)
1940–46 Heb ei chynnal oherwydd yr Ail Ryfel Byd
1947 Lloegr a Chymru, rhannu gan iddyn nhw orffen gyda'r un nifer o bwyntiau
1948 Iwerddon
1949 Iwerddon
1950 Cymru
1951 Iwerddon
1952 Cymru
1953 Lloegr
1954 Lloegr, Ffrainc a Chymru
1955 Ffrainc a Chymru
1956 Cymru
1957 Lloegr
1958 Lloegr
1959 Ffrainc
1960 Lloegr a Ffrainc
1961 Ffrainc
1962 Ffrainc
1963 Lloegr
1964 Yr Alban a Chymru

1965 Cymru	**1982** Iwerddon
1966 Cymru	**1983** Ffrainc ac Iwerddon
1967 Ffrainc	**1984** Yr Alban
1968 Ffrainc	**1985** Iwerddon
1969 Cymru	**1986** Ffrainc a'r Alban
1970 Ffrainc a Chymru	**1987** Ffrainc
1971 Cymru	**1988** Ffrainc a Chymru
1972 Heb ei chwblhau	**1989** Ffrainc
1973 Lloegr, Ffrainc, Iwerddon, Yr Alban a Chymru	**1990** Yr Alban
	1991 Lloegr
1974 Iwerddon	**1992** Lloegr
1975 Cymru	**1993** Ffrainc
1976 Cymru	**1994** Cymru
1977 Ffrainc	**1995** Lloegr
1978 Cymru	**1996** Lloegr
1979 Cymru	**1997** Ffrainc
1980 Lloegr	**1998** Ffrainc
1981 Ffrainc	**1999** Yr Alban

Y BENCAMPWRIAETH RYGBI
(NEU'R TAIR GWLAD CYN I'R ARIANNIN YMUNO)

Pryd? Bob blwyddyn.

Pwy sy'n chwarae? Awstralia, Seland Newydd, De Affrica a'r Ariannin.

Ers pryd? 1996.

CWPAN RYGBI'R BYD GWLEDYDD Y MÔR TAWEL

Pryd? Bob blwyddyn.

Pwy sy'n chwarae? Fiji, Samoa, Tonga.

Ers pryd? 2006.

CYSTADLAETHAU RHANBARTHOL A PHRIF GLYBIAU

CWPAN PENCAMPWYR RYGBI EWROP

Pryd? Bob blwyddyn.

Pwy sy'n chwarae? Clybiau gorau Ewrop o'r gwledydd hynny sy'n cystadlu yn y Chwe Gwlad.

Ers pryd? 1995 (Roedd yn cael ei alw yn Cwpan Heineken).

TLYSAU RHYNGWLADOL

Mae'r tlysau yn y rhestr isod yn gystadleuaeth rhwng dwy wlad. Mae rhai o'r gemau ar gyfer y tlysau yma'n rhan o gystadlaethau rhyngwladol eraill, fel y **Chwe Gwlad** a'r **Bencampwriaeth Rygbi**.

TLYSAU'R CHWE GWLAD

- **Tlws pencampwriaeth y Chwe Gwlad**, ers 1993
- **Tlws y Goron Driphlyg**, er 2006
- **Cwpan Calcutta** – Lloegr a'r Alban er 1879
- **Canmlwyddiant Quaich** – Iwerddon a'r Alban ers 1989
- **Tlws y Mileniwm** – Lloegr ac Iwerddon, er 1988
- **Tlws Giuseppe Garibaldi** – Ffrainc a'r Eidal, er 2007

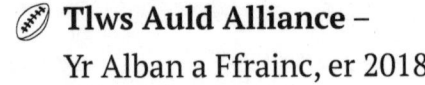 **Tlws Auld Alliance** – Yr Alban a Ffrainc, er 2018

TLYSAU'R BENCAMPWRIAETH RYGBI

- **Cwpan Bledisloe** – Awstralia a Seland Newydd, er 1931
- **Plât Her Mandela** – Awstralia a De Affrica, er 2000
- **Cwpan Rhyddid/Freedom Cup** – Seland Newydd a De Affrica, er 2004
- **Tlws y Piwma** – Ariannin ac Awstralia, er 2000

TLYSAU ERAILL

- **Cwpan Anexartisias** (Cwpan Annibyniaeth) – Cyprus a Groeg
- **Cwpan Antim** – Georgia a Rwmania
- **Tlws Dave Gallaher** – Ffrainc a Seland Newydd
- **Cwpan Elgon** – Kenya ac Uganda
- **Tarian Hillary** – Lloegr a Seland Newydd
- **Cwpan Hopetoun** – Awstralia a'r Alban
- **Tlws James Bevan** – Awstralia a Chymru
- **Cwpan Lansdowne** – Awstralia ac Iwerddon
- **Cwpan Tywysog William** – De Affrica a Chymru
- **Trophée des Bicentenaires** – Awstralia a Ffrainc
- **Tlws Tom Richards** – Awstralia a Llewod Prydain ac Iwerddon

Y PRIF GYNGHREIRIAU

Timau Rhyngwladol **Rygbi'r Undeb** (a benderfynwyd gan Rygbi'r Byd) … a rhai o'n hoff **lysenwau**.

Nodyn: Mae'n rhaid bod pob tîm o Haen 1 a Haen 2 wedi chwarae yng Nghwpan y Byd.

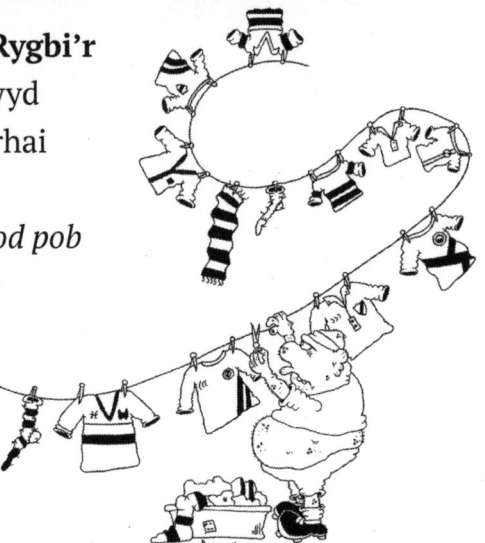

TIMAU HAEN 1

Awstralia ('Y Walabis' a'r 'Wallaroos' ar gyfer y menywod)

Cymru

De Affrica (Y Sbring Bocs)

Ffrainc ('Les Bleus')

Iwerddon

- **Lloegr** ('Y Coch a'r Gwynion' a'r 'Rhosod Coch' ar gyfer y menywod)
- **Seland Newydd** ('Y Crysau Duon' a'r 'Rhedyn Duon')
- **Yr Alban**
- **Yr Ariannin** ('Y Piwmas')
- **Yr Eidal**

TIMAU'R AIL HAEN

Canada ('Y Canwcs')
Fiji ('Bati' neu'r 'Rhyfelwyr')
Georgia ('Y Lelos', enw sy'n
  deillio o gamp leol sy'n
  debyg i rygbi)
Namibia
Portiwgal ('Os Lobos' neu'r
  'Bleiddiaid')

- **Rwmania**
- **Rwsia** ('Yr Eirth')
- **Samoa**
- **Sbaen**
- **Siapan** ('Y Blodau Dewr')
- **Tonga**
- **Yr Unol Daleithiau**
- **Wrwgwái**

TIMAU HAEN 3 (DATBLYGIAD UN)

Brasil
Chile
De Corea
Gwlad Belg
Hong Kong
  ('Y Dreigiau')

- **Kenya** ('Y Simbas')
- **Yr Almaen**
- **Yr Arfordir Ifori**
- **Zimbabwe** ('Y Sables')

TIMAU HAEN 3 (DATBLYGIAD DAU)

Andorra
Armenia
Awstria
Azerbaijan
Bahamas
Barbados
Bermiwda
Bosnia a Herzegovina
Botswana
Brunei

- **Bwlgaria**
- **Burundi**
- **Cambodia**
- **Camerŵn**
- **Colombia**
- **Costa Rica**
- **Croatia**
- **Cyprus**
- **Denmarc**
- **Eswatini**

Fanwatw	Moroco
Feneswela	Nigeria
Ffindir	Niue
Ghana	Norwy
Groeg	Pacistan
Guam	Panama
Guyana	Papwa Gini Newydd
Gwlad Pwyl	Paragwâi
Gwlad Thai	Periw
Hwngari	Rwanda
India	Sambia
Indonesia	Samoa Americanaidd
Iran	Senegal
Israel	Singapôr
Jamaica	Slofenia
Kazakhstan	Sri Lanka
Kyrgyzstan	St Lucia
Laos	St Vincent a'r Grenadines
Latfia	Sweden
Lithiwania	Swistir
Lwcsembwrg	Tahiti
Madagascar	Taipei Tsieineaidd
Malaysia	Tansania
Mali	Tiwnisia
Malta	Togo
Mauritania	Trinidad a Tobago
Mauritius	Tsieina
Mecsico	Wganda
Moldofa	Wcráin
Monaco	Wsbecistan
Mongolia	Y Philipinau

Y Weriniaeth Siec	Ynysoedd Virgin Prydeinig
Ynysoedd Cayman	Yr Emiradau Arabaidd
Ynysoedd Cook	Unedig
Ynysoedd Solomon	Yr Iseldiroedd

UNDEB RYGBI FFRAINC

Caledonia Newydd	Mayotte
Guadeloupe	Réunion
Martinique	Wallis a Futuna

DDIM YN GYSYLLTIEDIG Â RYGBI'R BYD (WORLD RUGBY)

Algeria	Gwatemala
Benin	Gwlad yr Iorddonen
Burkina Faso	Libanus
Catalonia	Lybia
Congo	Macau
Curaçao	Montenegro
Gweriniaeth Canolbarth Affrica	Niger
	Qatar
Gweriniaeth Ddemocrataidd y Congo	San Marino
	Slofacia
Gwlad y Basg	St Kitts a Nevis
Ecwador	Tsiad
El Salfador	Twfalw
Estonia	Twrci
Gabon	Yr Aifft
Galisia	Ynysoedd Twrs a Caicos
Gibraltar	

TIMAU CYFUN

Llewod Prydain ac
    Iwerddon
Llewpardiaid Affricanaidd

- Ynyswyr y Môr Tawel
- XV De America
-

TIMAU NAD YDYNT BELLACH YN BODOLI

Cymanwlad y
    Gwladwriaethau
    Annibynnol
Dwyrain Affrica
Dwyrain yr Almaen

- Gorllewin yr Almaen
- Gwlff Arabia
- Iwgoslafia
- Nyasaland (Malawi)
- Tsiecoslofacia

YSTADEGAU CYMRU

NIFER MWYAF O GEISIAU

	Enw	Cyfnod	Ceisiau	Capiau	Cyf.	Safle
1	Shane Williams	2000–2011	58	87	0.67	Asgellwr
2	George North	2010–	43	102	0.42	Asgellwr
3	Gareth Thomas	1995–2007	40	100	0.4	Asgellwr
4	Ieuan Evans	1987–1998	33	72	0.46	Asgellwr
5	Colin Charvis	1996–2007	22	94	0.23	Blaen asgellwr
6	Gerald Davies	1966–1978	20	46	0.43	Asgellwr
	Gareth Edwards	1967–1978	20	53	0.38	Mewnwr
	Tom Shanklin	2001–2011	20	70	0.29	Canolwr
9	Rhys Williams	2000–2005	18	44	0.41	Cefnwr
10	Josh Adams	2018–	17	35	0.49	Asgellwr
	Alex Cuthbert	2011–	17	48	0.35	Asgellwr
	Liam Williams	2012-	17	74	0.23	Cefnwr

MWYAF O GAPIAU

	Enw	Cyfnod	Capiau	Dechrau	Eilydd	Safle
1	Alun Wyn Jones	2006–	149	138	11	Clo
2	Gethin Jenkins	2002-2016	129	93	36	Prop
3	Stephen Jones	1998–2011	104	86	18	Maswr
4	George North	2010–	102	98	4	Asgellwr
5	Gareth Thomas	1995–2007	100	94	6	Asgellwr
	Martyn Williams	1996–2012	100	87	13	Blaen asgellwr
7	Leigh Halfpenny	2008–	96	92	4	Cefnwr
8	Dan Biggar	2008–	95	78	17	Maswr
	Adam Jones	2003–2014	95	84	11	Prop
10	Colin Charvis	1996–2007	94	84	10	Blaen asgellwr
	Mike Phillips	2003–2015	94	67	27	Mewnwr

Diweddarwyd: Cymru v Awstralia, 20 Tachwedd.

MWYAF O BWYNTIAU

	Chwaraewr	Cyfnod	Pwyntiau	Capiau	Ceisiau	Tros.	Goliau Cosb	Gol adlam	Cyf.
1	Neil Jenkins	1991–2002	1049	87	11	130	248	10	12.06
2	Stephen Jones	1998–2011	917	104	7	153	186	6	8.82
3	Leigh Halfpenny	2008–	778	96	15	74	185	0	8.1
4	Dan Biggar	2008–	532	95	7	85	102	7	5.6
5	James Hook	2006–2015	352	81	13	46	61	4	4.35
6	Paul Thorburn	1985–1991	304	37	2	43	70	0	8.22
7	Shane Williams	2000–2011	290	87	58	0	0	0	3.33
8	George North	2010–	215	102	43	0	0	0	2.11
9	Arwel Thomas	1996–2000	211	23	11	30	32	0	9.17
10	Gareth Thomas	1995–2007	200	100	40	0	0	0	2

SGÔR TERFYNOL GYDA'R BWLCH MWYAF

Bwlch	Dyddiad	Gwrthwynebwyr	Canlyniad	Lleoliad	Cystadleuaeth
98	26 Tachwedd 2004	Siapan	98 – 0	Stadiwm y Mileniwm Caerdydd, Cymru	Gemau Rhyngwladol yr Hydref 2004
91	17 Mai 1994	Portiwgal	102 – 11	Universitario Lisboa, Lisbon, Portiwgal	Rownd gymhwyso Cwpan y Byd 1994
74	4 Mehefin 2005	Unol Daleithiau	77 – 3	Rentschler Field, Hartford, Unol Daleithiau	Gemau Rhyngwladol yr Haf 2005
74	26 Medi 2011	Namibia	81 – 7	Yarrow Stadium, New Plymouth, Seland Newydd	Cwpan Rygbi'r Byd 2011
72	19 Medi 2001	Rwmania	81 – 9	Stadiwm y Mileniwm Caerdydd Cymru	Gemau Rhyngwladol yr Hydref 2011

115

GEIRIAU ALLWEDDOL A'U HYSTYRON

Termau defnyddiol (a ddim mor ddefnyddiol)

22: Y llinell ddwy ar hugain (22), yn nodi 22 metr (72 troedfedd) o'r llinell gais.

89: Mae'r symudiad '89' neu'r wyth-naw yn symudiad lle mae'r wythwr yn codi'r bêl ac yn rhoi pàs fach fer i'r mewnwr (rhif 9).

Amddiffyn blits: Term o rygbi'r gynghrair. Mae'n digwydd pan fydd y llinell amddiffyn yn taranu ymlaen gyda'i gilydd tuag at y chwaraewyr maen nhw'n

eu marcio, cyn gynted ag y mae'r bêl yn gadael y ryc neu'r sgarmes. Y bwriad yw codi ofn ac fel arfer dyna sy'n digwydd.

Amddiffyn drifft: Mae'r tîm sy'n ymosod yn cael ei orfodi i dagfa ger llinell yr ystlys. Mae'r amddiffyn yn symud ymlaen ar letraws, gan ddilyn llwybr a chyfeiriad pasio'r tîm sy'n ymosod. Os defnyddir y dacteg yn effeithiol, bydd y bêl yn diweddu yn nwylo asgellwr y tîm sy'n ymosod; heb nunlle i fynd, gellir ei wthio dros yr ystlys.

Ardal goch: Term sy'n cael ei ddefnyddio i ddisgrifio ardal o'r cae rhwng y llinell gais a'r 22 metr, sef yr ardal fwyaf tebygol y bydd cais yn cael ei sgorio neu ei ildio ohoni.

Bill: Dyma'r enw yn Awstralia ar y Cwpan Webb Ellis (Tlws Cwpan y Byd). Enw cyntaf Webb Ellis oedd William – felly Bill.

Cam gŵydd: Y chwaraewr David Campese o Awstralia a wnaeth ddefnyddio'r dechneg redeg yma gyntaf. Mae'r chwaraewr yn arafu gan gymryd naid fach i'r awyr cyn gwibio – weithiau i gyfeiriad gwahanol. Y mae'n edrych yn hurt ond mae'n hynod effeithiol.

Cell cosb: Dyma'r man lle bydd rhaid i chwaraewr dreulio deg munud ar ôl cael y cerdyn melyn. Dydy e ddim yn gell go iawn – dim ond mainc.

Cell gwaed: Gall chwaraewr sy'n gwaedu gael ei eilyddio am hyd at 15 munud er mwyn cael triniaeth sef golchi a sychu, pwytho ei drwyn yn ôl, ac ati.

Cerdyn coch: Caiff y cerdyn coch ei ddangos i chwaraewr sy'n cael ei anfon oddi ar y cae. Does dim modd dod â chwaraewr arall ymlaen yn ei le. Mae hyn yn digwydd os ydy chwaraewr yn euog o chwarae brwnt difrifol neu ymddygiad treisgar, neu gyflawni dwy drosedd sy'n teilyngu rhybudd (cardiau melyn).

Cibi: Dawns ryfel sy'n cael ei pherfformio gan dîm cenedlaethol Fiji cyn gêm ryngwladol. Dychrynllyd.

Cic bwt ('grubber'): Mae'r gic hon yn gwneud i'r bêl rolio, sglefrio a bownsio'n flêr ar hyd y cae, gan greu symudiadau afreolaidd a wna'r bêl yn anodd i'w dal gan achosi'n aml i'r bêl gael ei tharo ymlaen. Os ydy'r bêl yn 'eistedd i fyny' mae'n golygu ei bod mewn safle perffaith i'w dal.

Cic i'r bocs: Digwydda hyn yn aml wrth i'r mewnwr sy'n sefyll tu ôl i'r sgrym gicio'r bêl i'r gwagle tu ôl i'r gwrthwynebwyr gan roi cyfle i'w dîm hyrddio i mewn i'r gofod ac ennill tir.

Cic gyflawn: Os yw pêl yn cael ei chicio dros yr ystlys heb fownsio ar y cae chwarae, y mae'n gic gyflawn, ddi-dor.

Cicio ping-pong: Pan mae'r ddau dîm yn cicio'n ôl ac ymlaen o'r dwylo at ei gilydd, yn hytrach na rhedeg y bêl at y gwrthwynebwyr a pheryglu colli'r meddiant. Diflas.

Cydiwr: Y cydiwr yw'r chwaraewr sy'n gafael yn y cludwr (sydd yn yr un tîm) fel gelen er mwyn ychwanegu ei bŵer a'i bwysau a cheisio torri'r llinell amddiffyn neu ennill ychydig lathenni.

Cymal: Y cyfnod o chwarae rhwng pob gwrthdrawiad.

Chwaraewyr dros ben: Pan fydd mwy o chwaraewyr ymosodol o un tîm ar un ochr o'r cae nag sydd yno'n amddiffyn. Yn aml clywir sylwebydd radio neu deledu'n dweud bod yna *overlap*, a bydd Mam a Dad yn neidio ar eu traed, a chwifio'u breichiau yn yr awyr.

Dadlwytho pàs: Pàs fach fer sy'n cael ei rhoi gan chwaraewr wrth iddo gael ei daclo ond cyn cael ei daro i'r llawr.

Damsang: Bydd chwaraewyr sydd ar eu traed mewn ryc weithiau'n annog chwaraewyr sydd ar y llawr i symud o ffordd y bêl drwy'u cicio neu'u sodli a damsang arnyn nhw. Dydy hyn ddim yn dderbyniol ac mae'n arwain at gosb ar ffurf cic gosb a cherdyn melyn neu goch.

Defnyddio neu golli: Os yw sgarmes yn stopio symud ymlaen bydd y dyfarnwr yn gweiddi 'use it or lose it' ar y tîm sydd â'r bêl yn eu meddiant. Bydd ganddyn nhw bum eiliad wedyn i basio'r bêl allan o'r sgarmes. Os na wnawn nhw hyn, bydd hi'n sgrym i'r tîm oedd heb y bêl ar gychwyn y sgarmes.

Ffug bàs: Cynllun ymosodol a chyfrwys sydd wedi'i ddefnyddio gan genedlaethau o blant ysgol, lle mae'r cludwr yn esgus pasio'r bêl i'w gyd-chwaraewr, cyn parhau i redeg â'r bêl. Y nod yw twyllo'r amddiffyn i ddilyn a bugeilio derbyniwr y bàs, gan greu bwlch i'r chwaraewr sydd â'r bêl allu parhau â'r rhediad. O lwyddo, dywedir bod y chwaraewr wedi creu 'dymi' neu ffugio.

Garryowen: Cic a chwrs yw hwn o fath, sef cic hynod o uchel i'r cymylau a'r ciciwr fel arfer yn ei dilyn ar garlam. Cafodd y gic ei henwi ar ôl Clwb Rygbi Garryowen a fabwysiadodd y dacteg am y tro cyntaf gyda'r bêl yn glanio naill ai tu ôl neu yng nghanol y tîm sy'n amddiffyn.

Haka: Dawns draddodiadol y Maori a gaiff ei pherfformio gan dimau Seland Newydd cyn gemau rhyngwladol. Mae'n adnabyddus iawn, ac yr un mor frawychus â Cibi Fiji.

Hwb llaw: Dyma symudiad gan y chwaraewr â'r bêl i gadw taclwr draw drwy ddefnyddio'i fraich. Er mwyn i'r cyfan fod yn gyfreithlon, rhaid i fraich y chwaraewr fod yn syth a'r llaw'n agored (nid yn ddwrn) cyn i'r gwrthdaro ddigwydd; ni chaiff ergyd neu hyrddiad braich syth, ble mae'r fraich yn cael ei hymestyn yn sydyn cyn gwrthdaro, eu caniatáu.

Hyrddio a chwalu: Derbyn pàs a hyrddio ymlaen at yr amddiffyn. Y nod yw llorio dau neu dri o'r amddiffynwyr gan greu bwlch mawr yn llinell amddiffyn yr olwyr. Paid â mentro gwneud hyn os mai ti yw'r mewnwr.

Ildio'r meddiant: Pan mae tîm yn colli'r bêl yn ardal y gwrthdaro yna maen nhw'n idlio'r meddiant i'r tîm arall. Gall hyn fod yn arwydd o reolaeth a chryfder pac y tîm arall. Bydd tîm sy'n achosi'r tîm arall i ildio'r meddiant dro ar ôl tro fel arfer yn mynd ymlaen i ennill y gêm.

Llinell fantais: Llinell ddychmygol yw hon (yn meddwl y dyfarnwr) sy'n cael ei thynnu ar draws y cae wrth i'r chwarae rhydd gael ei rwystro gan ryc, sgarmes neu sgrym. Mae croesi'r llinell fantais yn gyfystyr ag ennill tir.

Mantais: Cyfnod byr o amser sy'n cael ei ganiatáu gan y dyfarnwr wedi i'r tîm arall dorri rheol, ble mae cyfle i dîm ennill tir neu sicrhau mantais dactegol.

Marc: Y marc yw'r man ble fydd y gêm yn ailgychwyn yn dilyn oedi. *Nodyn:* Mae 'Galw am y marc' yn wahanol. Caiff marc ei 'alw' gan chwaraewr sy'n dal cic tra ei fod e'n sefyll yn ei 22 ei hunan, ar ei ddwy droed, pan mae'n derbyn y gic ac mae'n golygu na fedr gael ei daclo. Rhaid iddo weiddi 'MARC!' yn uchel er mwyn iddo gael ei ganiatáu.

Ochr dywyll: Ochr y cae sydd â lleiaf o le yn ystod sgrym neu ardal y gwrthdaro.

Olwyno: Pan fydd sgrym yn troi trwy 90 gradd. Bydd y sgrym yn cael ei hailosod a'r meddiant yn cael ei ildio (a'r bêl yn cael ei rhoi i'r tîm arall i fwydo i mewn i'r sgrym) os yw'r dyfarnwr yn penderfynu bod y tîm sy'n ymosod yn olwyno'r sgrym yn fwriadol.

Pàs bop: Pàs fach fer.

Pàs ysbyty: Canlyniad anochel pàs fel hon yw bod y sawl sy'n derbyn y bêl yn cael ei daclo'n syth bin, ac fel arfer yn galed iawn. Ddim yn beth braf.

Sgarmes: Mae sgarmes yn digwydd pan fydd y chwaraewr sy'n cario'r bêl yn cael ei stopio (heb gael ei daclo) gan un o'r gwrthwynebwyr ac mae un o'i gyd-chwaraewyr o'r un tîm yn cydio ynddo a'i helpu. Os nad yw'r bêl yn dod allan yn gyflym, bydd y dyfarnwr yn rhoi'r sgrym i'r tîm arall.

Sipi Tau: Dawns ryfel sy'n cael ei pherfformio gan dîm cenedlaethol Tonga cyn pob gêm ryngwladol yw hon.

Siva Tau: Dawns ryfel Samoaidd sy'n cael ei pherfformio gan dîm cenedlaethol Samoa cyn pob gêm ryngwladol.

Smotyn Du: Marc du ar ganol y trawst rhwng y pyst. Mae e yno i helpu'r ciciwr anelu.

Tacl Grog: Tacl lle mae'r taclwr yn ceisio cadw'r cludwr y bêl ar ei draed a'i wthio am yn ôl cyn ei lorio. Mae'n dacl anodd ei chyflawni ond yn ennill tir i dîm y taclwr.

Tacl ollwng: Mae'r taclwr yn clymu'i freichiau o gwmpas coesau'r chwaraewr sy'n cario'r bêl gan ei gario dros bellter byr cyn ei 'ollwng' yn ddiseremoni ar lawr. Rhaid i'r taclwr daro'r ddaear gyda'r chwaraewr sydd â'r bêl er mwyn i'r dacl fod yn gyfreithlon. Mae'n dacl sy'n codi cywilydd ac yn gwneud i'r un sy'n cael ei daclo deimlo'n lletchwith, ond mae'n ddifyr iawn i bawb arall.

Tacl waywffon: Tacl hynod beryglus. Caiff chwaraewr ei godi gan y taclwr a'i droi wyneb i waered. Bydd y taclwr wedyn yn ei ollwng neu ei yrru i mewn i'r ddaear â'i ben, gwddf neu ysgwydd gyntaf, fel plannu gwaywffon i mewn i'r tir. Mae'n dacl anghyfreithlon a pheryglus sy'n medru arwain at waharddiad hir a sylweddol.

Tap pigwrn/Tap ffêr: Mae taro'r pigwrn yn digwydd pan gaiff chwaraewr sy'n rhedeg yn gyflym ei dynnu i lawr neu'i faglu wrth i'w bigwrn gael ei daro. Pleser o'r mwyaf yw gweld wyneb y chwaraewr sy'n cael ei faglu.

Taro lawr: Pan fydd ymgais y ciciwr yn cael ei rhwystro neu'i dal gan chwaraewr o'r tîm arall wrth i hwnnw neidio fel eog i'r awyr (eog gyda breichiau.) Canlyniad hyn yn aml yw trobwynt annisgwyl a chyffrous ac weithiau cais.

TMO (Television Match Official): Swyddog sy'n helpu'r dyfarnwr (sef dyfarnwr fideo) drwy wylio'r gêm ar sgrin neu deledu.

Trên bach/Tryc a threlar: Term am rwystro'n anfwriadol (sef sefyll yn ffordd gwrthwynebwr nad oes ganddo'r bêl) mewn sgarmes. Os yw'r dyfarnwr yn penderfynu ei fod yn fwriadol neu'r diweddaraf mewn cyfres o droseddau tebyg, bydd cic rydd yn cael ei dyfarnu.

Trosedd broffesiynol: Chwarae brwnt a bwriadol annheg, a hynny er mwyn rhwystro gwrthwynebwr rhag sgorio. Y gosb yw cerdyn melyn.

Tŷ llawn: Sgorio cais, trosiad, gôl gosb a gôl adlam yn yr un gêm. Daw enwau fel Dan Carter neu Jonny Wilkinson i'r meddwl.

Ymosodiad y marchogion (neu Hyrddiad y Cafalri): Pawb gyda'i gilydd: Does dim ceffylau'n agos i'r symudiad! Yn aml, wrth gymryd cic gosb neu gic rydd, bydd y chwaraewyr yn ffurfio llinell tu ôl i'r ciciwr. Ar alwad neu arwydd cyfarwydd, byddan nhw'n hyrddio ymlaen ar wib gyda'i gilydd. Yna bydd y ciciwr yn tapio'r bêl a'i rhoi i un o'r chwaraewyr tu ôl iddo.

TEITLAU ERAILL YN Y GYFRES

CAMPAU CAMPUS

PÊL-DROED PENIGAMP

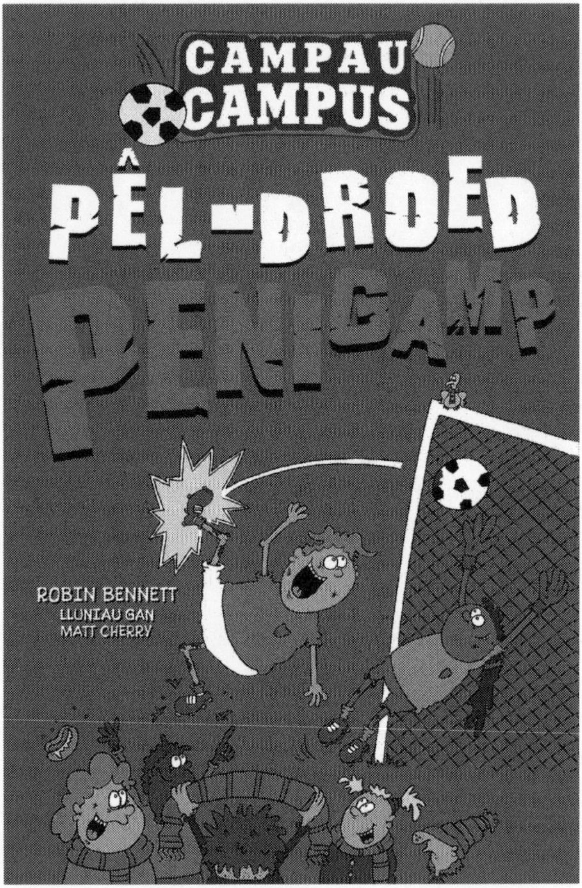

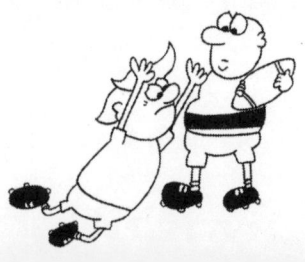

OEDDET TI'N GWYBOD?

⚽ Cychwynnodd y ffurf gynharaf o **bêl-droed** yn **Tsieina** dros **2200** o flynyddoedd yn ôl. Yr enw arno oedd Cuju ac roedd yn rhaid cicio'r bêl mewn i rwyd heb ddefnyddio dwylo.

⚽ Mewn gwirionedd mae tystiolaeth i gael fod pêl-droed yn cael ei chwarae mewn sawl man drwy'r byd. Yn **1586** daeth **fforiwr o Loegr** o'r enw John Davis o hyd i lwyth **Inuit** (pobl frodorol **Yr Ynys Las** neu Greenland) oedd yn chwarae'r gêm, rhoddodd orchymyn i'w long aros ac ymunodd yn y gêm.

⚽ Cafodd rheolau modern pêl-droed eu creu gan **blant ysgol o Loegr** yn y **19^{eg} ganrif**.

⚽ Dydy pêl-droed ddim wastad wedi bod mor **boblogaidd** â hynny. Cafodd ei wahardd mewn llawer o wledydd – doedd dim hawl chwarae pêl-droed yn swyddogol yn yr **Alban** hyd nes **1906**.

⚽ Heb os, pêl-droed yw'r gêm fwyaf poblogaidd yn y **byd**. Yn ôl **FIFA**, mae dros **250 miliwn o bobl** yn chwarae mewn 200 gwlad gyda thros **3.5 biliwn o gefnogwyr** – hanner poblogaeth y byd, bron â bod!

Bydd gan bob pennod **gartwnau, tips i chwaraewyr** na fyddi di'n eu cael gan dy hyfforddwr, **esboniadau, ffeithiau difyr** ac – ie – **straeon doniol.**
Bydd yn dy ddysgu di gymaint am **ysbryd** y gêm a'r **rheolau,** gobeithio.

Donc!

OEDDET TI'N GWYBOD?

○ Mae pobl yn meddwl bod **criced** wedi cychwyn fel ffordd i **fugeiliaid yn Lloegr** i dreulio'u hamser wrth warchod eu defaid, y defaid oedd y rhai cyntaf i **faesu** fwy na thebyg, a gallan nhw ddim bod yn waeth ar wneud hynny na dy frawd bach.

○ Dechreuodd y gêm yn **Lloegr** yn yr **16eg ganrif**, ysgrifennwyd am gêm a gynhaliwyd yn **Aleppo, Syria** yn **1676**! Cynhaliwyd y gêm ryngwladol gyntaf rhwng **America** a **Chanada** yn **Efrog Newydd yn 1844**.

○ Mae **gêm brawf griced** yn un o'r gemau hiraf yn y byd (yn para **5 niwrnod** fel arfer). Yr ornest **hiraf** a gynhaliwyd erioed oedd rhwng **Lloegr** a **De Affrica** – gwnaeth hi bara am bythefnos!

○ Amcangyfrifir fod tua **60 miliwn yn chwarae** criced yn y byd gyda thua **2 biliwn o gefnogwyr**, sy'n gwneud criced y gamp **ail fwyaf poblogaidd** yn y byd ar ôl pêl-droed. Caiff ei chwarae mewn dros **100 o wledydd**.

WWW.STUPENDOUSSPORTS.COM

Y LLE I BLANT SYDD WEDI GWIRIONI AR CHWARAEON!

- NEWYDDION CHWARAEON I BLANT
- YMWELIADAU AWDUR LLYFRAU
- CARTWNAU
- STRAEON DONIOL
- LAWRLWYTHIADAU SAIN A FIDEOS
- NEWYDDION AM DDIGWYDDIADAU

CLWB CEFNOGWYR CAMPAU CAMPUS!

Cadwch lygad barcud am gynigion arbennig ar lyfrau wedi'u harwyddo, citiau chwaraeon, nwyddau (teganau, sticeri, peniau – pob math o bethau!) a thocynnau i ddigwyddiadau chwaraeon!

FFLIPIWCH 'NÔL DRWY'R ADRANNAU OLAF I WYLIO'R BOIS YMA'N CHWARAE RYGBI!